Michael Kassar

Maurische Architektur und Kultur in Andalusien am Beispiel des Real Alcázar von Sevilla

Bibliographische Information der Deutschen Nationalbibliothek
Die Deutsche Nationalbibliothek verzeichnet diese Publikation in der Deutschen
Nationalbibliographie; Informationen im Internet unter: http://dnb.d-nb.de

Impressum:

Michael Kassar
Maurische Architektur und Kultur in Andalusien am Beispiel des Real Alcázar von Sevilla
Herstellung und Verlag: BoD - Books on Demand, Norderstedt
ISBN: 9783735761132

Das Werk einschließlich aller seiner Teile ist urheberrechtlich geschützt. Jede Verwertung ohne Zustimmung des Autors ist unzulässig. Dies gilt insbesondere für Vervielfältigungen, Übersetzungen oder dem Speichern und Verarbeiten in elektronischen Systemen.
2. Auflage

Salzburg, 2014

Maurische Architektur und Kultur in Andalusien am Beispiel des Real Alcázar von Sevilla

Inhalt

Vorwort (1)

1. Intention und Fragestellung der Arbeit (3)

2. Der kulturhistorische Kontext (7)
2.1 Islamische Expansion und Eroberung Spaniens (7)
2.2 Weitere geographische Kontakte mit Europa (10)
2.3 Die Umayyaden und das Kalifat (11)
2.4 Die Taifa-Königreiche (15)
2.5 Die Dynastien der Berber (Almoraviden und Almohaden) (16)
2.6 Granada und die Nasriden (19)
2.7 Die Moriscos (20)
2.8 Der arabische Einfluss auf Spanien (21)
2.9 Differenzierte Beurteilung des arabischen Einflusses (23)

3. Charakteristika Maurischer Architektur (24)
3.1 Arabisch-Islamische Architektur allgemein (24)
   3.1.2 Mudejar-Kunst (26)
3.2 Baumaterialien (27)
3.3 Gewölbeformen (29)
   3.3.1 Muquarnasgewölbe (30)
   3.3.2 Stalaktitengewölbe (31)
3.4 Bogenformen (31)
   3.4.1 Der Hufeisenbogen (32)
   3.4.2 Polylobbogen (33)
   3.4.3 Arkaden (33)
3.5 Baudekor (34)
   3.5.1 Azulejos (35)
   3.5.2 Yeserias (36)
3.6 Islamische Garten- und Wasserkunst (37)

4. Der Real Alcázar von Sevilla (41)
4.1 Maurische Architektur und Kultur des Real Alcazar (41)

4.2 Der Real Alcázar - Entstehung und arabische Herrschaft (42)
4.3 Der Real Alcázar unter den katholischen Königen (45)
4.4 Die Baukomplexe des Real Alcazar (48)
    4.4.1 Löwentor und Löwenhof (Porta del León y Patio del León) (49)
    4.4.2 Gerechtigkeitssaal mit Gipshof (Sala de la Justitia con Patio del Yeso) (50)
    4.4.3 Jagdhof (Patio de la Montería) (53)
    4.4.4 Der Palast von Peter I. (El Palacio del Rey Don Pedro) (54)
    4.4.5 Palastfassade (55)
    4.4.6 Eingangshalle (60)
    4.4.7 Mädchenhof (Patio de las doncellas) (63)
    4.4.8 Saal mit der Decke Karls V. (Salón del techo de Carlos V.) (67)
    4.4.9 Schlafgemächer der Maurenkönige (Cámara y dormitorio del Rey) (68)
    4.4.10 Gesandtensaal (Salón de Embajadores) (69)
    4.4.11 Infantengemächer (Sala de Infantes) (74)
    4.4.12 Saal mit der Decke Philipps II. (Salón del techo de Felipe II.) (75)
    4.4.13 Saal mit der Decke der Katholischen Könige (Cuarto del techo de los Reyes Católicos) (78)
    4.4.14 Puppenhof (Patio de las muñecas) (79)
    4.4.15 Prinzengemächer (Cuarto del Principe) (81)
    4.4.16 Oberer Palast (85)

5. Provenienz und Vergleichsbeispiele für die beim Real Alcázar verwendeten Architektur- und Dekorformen (87)
5.1 Die Mezquita von Cordoba (88)
5.2 Madinat al-Zahra bei Cordoba (94)
5.3 San Cristo de la Luz in Toledo (97)
5.4 Die Aljafería in Zaragoza (99)
5.5 Die Giralda von Sevilla (102)
5.6 Die Alhambra von Granada (106)
    5.6.1 Das architektonische Grundschema (108)

    5.6.2 Die Bausubstanz (110)
    5.6.3 Der Baudekor (111)

6. Schlußwort (114)

7. Anhang (116)
7.1 Bibliographie (116)

Vorwort

Das vorliegende Buch basiert auf meiner Magisterarbeit im Fach Kunstgeschichte an der Paris-Lodron-Universität Salzburg aus dem Jahr 2011 und liegt nun in leicht überarbeiteter Form vor. Der Grund für die Veröffentlichung der Arbeit war der Gedanke, dieses faszinierende und spannende Thema europäischer Kunst- und Kulturgeschichte einer breiteren Leserschaft zugänglich zu machen. Für die Betreuung der Arbeit sei an dieser Stelle Frau Prof. Gottdang vom Kunsthistorischen Institut Salzburg ein großes Dankeschön ausgesprochen. Gewidmet sei diese Arbeit meinen Eltern, die durch ihre regen Reisetätigkeiten bei mir das Interesse für Kultur- und Kunstgeschichte bereits seit frühester Kindheit an weckten.
Wie der Titel der Arbeit bereits ankündigt, handelt es sich neben dem Themengebiet der Architektur zugleich auch um das der Kultur. Dabei ist der Terminus ´Kultur´ in seiner Semantik nicht unproblematisch: vom lateinischen Wort *cultura* herkommend, bedeutet er wörtlich Ackerbau, Pflege. Damit ist ihm eine Bedeutung inhärent, die anzeigt, dass etwas bearbeitet wurde, also nicht von natürlicher Ursache her entstanden ist. Eine Konnotation die hier mitspielt, ist die des ´über das natürliche Maß hinausgehende´, das heißt, eine Leistung, die sich in Form einer Verfeinerung (z.B. des Lebens) bemerkbar macht. Ausprägungen dieser Lebensverfeinerungen, ergo kulturellen Leistungen, finden wir in Form von Malerei, Skulptur und Architektur, allgemein in künstlerischen Leistungen manifestiert.
Die künstlerischen Ausprägungen früherer Epochen geben Auskunft über deren Kultur, oder um es mit einem von Johann Gottfried Herder geprägten Wort zu beschreiben, den „Zeitgeist" einer Epoche wieder. Eine Charakterisierung des Zeitgeistes lässt Johann Wolfgang von Goethe seinen Doktor Faust aussprechen: *„Was ihr den Geist der Zeiten heißt, Das ist im Grund der Herren eigner Geist, In dem die Zeiten sich bespiegeln."* Kunst und Architektur erlauben es uns, einen Einblick in frühere Epochen zu erhalten, und dadurch das eigene Zeitalter darin zu reflektieren.

Die vorliegende Arbeit will genau diesen Weg gehen und durch wissenschaftliche Untersuchung einen Teil Kulturgeschichte erschließen. Das maurische Spanien bietet durch die reichhaltige und wechselvolle Geschichte ein reges Betätigungsfeld für derlei Forschungen: Bereits seit der Antike, als Iberer und Kelten die Halbinsel bewohnten, stand das Land zwischen zwei verschiedenen politischen, als auch kultursoziologischen Einflüssen, dem der Römer und dem der Karthager. Als im 2. Jahrhundert die Macht an die Römer überging, folgten zahlreiche Stadtneugründungen (u.a. Sevilla), ein Ausbau der Infrastruktur durch neue Straßen, als auch eine Blüte in Bezug auf die Künste. Männer von Weltrang, wie Trajan, Hadrian, Seneca, Martial oder Lukan stammen aus der Provinz Hispania. Dies änderte sich, als im 5. Jahrhundert die ostgermanischen Stämme, wie Sueben, Goten, oder Vandalen, ihren Zug gegen Westen antraten. Durch diesen Einfluss wurde auch der christliche Glaube auf eine neue Stufe gehoben, was sich durch Männer wie den Heiligen Isidor von Sevilla ausdrückte. Mit der enormen Zunahme des christlichen Glaubens stieg jedoch auch die Repression gegen die in der Diaspora lebenden Juden. Bereits hier kündigte sich an, was unter der Maurenherrschaft bestimmend werden sollte: Juden, Iberer und Westgoten (um nur die Wichtigsten zu nennen) bildeten kein homogenes ethnisches Gefüge, kein von gemeinsamen Interessen geleitetes Volk. Diese Haltung sollte im 8. Jahrhundert die islamisch-arabische Eroberung Spaniens wesentlich begünstigen. Diese Einflussnahme hat einen ´Sonderweg´ Spaniens gefördert, einen ´Sonderweg´, dem sich die vorliegende Arbeit widmen möchte.

Salzburg, August 2014

1. Intention und Fragestellung der vorliegenden Arbeit

Die enorme Expansion der islamischen Religion seit dem Tode des Propheten Mohammed ('der Gepriesene/ Gelobte') im Jahre 632 wurde von der christlichen Welt hauptsächlich als Gefährdung angesehen. Dass es aber, in den von Arabern besiedelten Gebieten Europas, zu einem kaum vorher bekannten Reichtum und Wissensaustausch kam, wird dabei oft genug vergessen. Die vorliegende Arbeit will sich genau diesem kulturellen Reichtum in seiner architektonischen Ausformung zuwenden. Was bei einer solchen Betrachtung jedoch nicht vergessen werden darf, sind die zahlreichen Konflikte zwischen den drei monotheistischen Religionen des Islam, Christentum und Judentum. Eine grundlegende Frage ist dabei folgende: Wurden die Konflikte zwischen den Religionen, die schließlich einen erheblichen Teil der maurischen Kultur prägten, wegen der religiösen Ansichten (Glaube an Gott) alleine, oder aber nur unter Vorwand der Religion und in Wahrheit jedoch wegen ökonomischer, monetärer und somit machtpolitischer Gründe ausgetragen?

Eine Antwort auf diese Frage ist nicht leicht zu finden, kann aber sicherlich durch folgenden Gedanken charakterisiert werden: So wie es selbstverständlich ist, dass Gott aus sich selbst, als auch aus der Dreieinigkeit (Gott, Sohn, Heiliger Geist) besteht, so ist es auch selbstverständlich, dass die im Namen Gottes ausgetragenen Konflikte zwischen den genannten Religionen nicht ausschließlich um des Glaubens Willen, sondern ebenso selbstverständlich wegen des Geldes und der Macht geführt wurden. Dieses Spannungsverhältnis bildet den Hintergrund für die kultursoziologische Geschichte Andalusiens zur Zeit der arabischen Herrschaft. Ein weiterer wichtiger Punkt, der hier eingangs erwähnt werden soll, ist jener der Schrift. Das Alte Testament ist Juden, Christen und Moslems gemeinsam, sozusagen verbindendes Element zwischen den Religionen. Dies ist auch der Grund dafür, warum der Islam Christentum und Judentum als Religionen anerkennt und eine Coexistenz goutiert. Anders ist es dabei im Christentum, wo besonders in den Schriften Paulus eine alleinige Vorrangstellung des Christentums propagiert wird. Dieser historische Hintergrund soll das Verständnis für die maurische Kultur und Architektur fundamentieren. Intention der vorliegenden Arbeit ist allerdings keine wissenschaftliche Untersuchung über die zahlreichen Konfliktpunkte der beiden größten monotheistischen Religionen, sondern ein Auseinandersetzen mit den von beiden Seiten gleichermaßen geschaffenen kulturellen Errungenschaften, wie es beispielsweise anhand der maurischen Kultur und Architektur ersichtlich ist.

Was würde sich bei dieser Betrachtung also besser eignen, als eine der Regionen, in der die christlich-westliche Welt mit der arabisch-muslimischen Welt miteinander verschmolzen? Neben Sizilien, und den Gebieten rund um die Kreuzzugsbewegung an der Levante, ist Andalusien eine der Regionen Europas, die von dem kulturellen und religiösen Austausch am meisten profitierte. Dabei soll der Real Alcázar von Sevilla, und hier im Speziellen der Palast Peters I., als „pars pro toto" für all die von den Mauren errichteten Bauwerke stehen. Mit seiner wechselvollen Geschichte bietet der Real Alcázar einen perfekten Ausgangspunkt für weitere Betrachtungen. Ausgehend von diesem einzigartigen Gebäudekomplex soll die maurische Architektur als Ganzes betrachtet werden, Charakteristika hervorgehoben und Vergleiche mit anderen Gebäuden in al Andalus, wie zum Beispiel der Mezquita und der Palaststadt Madínat al-Zahrâ von Cordoba, oder der Alhambra von Granada (u.a.) gemacht werden.

Inwieweit sich die kulturellen Eigenschaften der Mauren in den von ihnen errichteten Bauwerken wiederspiegeln, soll die alles bestimmende Frage hinter dieser Arbeit sein. Um diese Frage wissenschaftlich fundiert klären zu können, soll anhand weiterer gehaltvoller Fragestellungen eine peripatetische Annäherung an dieses Thema erfolgen. Folgende Fragestellungen sind dabei zu berücksichtigen:

1. Was sind die Merkmale der arabischen, im Speziellen der maurischen Architektur?
2. Was lässt sich über die Provenienz dieses Formenvokabulars sagen?

3. Gibt es andalusische Besonderheiten, die von der restlichen arabischen Architektur abweichen?
4. Welche Vergleiche lassen sich zu zeitgleich entstandenen Bauwerken im Mahgreb oder dem Nahen Osten ziehen?
5. Wie weit kommt es bei der maurischen Architektur zu originären Entwicklungen, beziehungsweise inwieweit wurden Architekturformen lediglich tradiert?

Der Forschungsstand, der sich bezüglich des Themas maurischer Kultur und Architektur anbietet, zeigt ein recht divergentes Bild: Während es für die islamische Architektur zahlreiche Werke gibt, ist der Anteil an Forschungsliteratur in Bezug auf maurische Architektur im Vergleich dazu schwindend gering, ja beinahe dürftig, wenn es sich um den Real Alcázar von Sevilla explizit handelt.

Auffallend ist allerdings das vermehrte Interesse an andalusischer Geschichte und Architektur Mitte der 1990er Jahre, was zweifellos von der im Jahre 1992 in Sevilla ausgetragenen Weltausstellung abhängt. Eines der Werke, das im Jahr der Weltausstellung veröffentlicht wurde, ist ein Standardwerk für maurische Architektur in Andalusien und wurde von Marianne Barrucand verfasst. Dieses Werk ist insofern wichtig, da Barrucand darin auf die arabisch-islamische Baukunst Spaniens von den frühen Anfängen des 8. Jahrhunderts bis zum Ende des Nasriden-Reiches von Granada 1492 eingeht. Dabei bleibt sie allerdings weitgehend auf Spanien beschränkt, wodurch zeitgleich stattfindende Strömungen des Maghreb oder des Nahen Osten nur angeschnitten werden. Das zweite wichtige Werk, ebenfalls aus dem Jahre 1992, ist jenes von Burchard Brentjes, der zudem den nordafrikanischen Raum in seine Forschung mit aufnahm. Unter Hänsel und Karge erschien im selben Jahr eine Einführung in die spanische Kunstgeschichte, die den Zeitraum der Spätantike bis in die frühe Neuzeit abhandelt. An diesem Werk war auch der Archäologe Christian Ewert beteiligt, der sich speziell um die maurische Architektur verdient gemacht hat. Den Schwerpunkt bildet hier eine die gesamten Epochen umfassende Kunstgeschichte, was jedoch trotz des allumfassenden Charakters nicht die Detailfreudigkeit beeinträchtigt.

Aus der Mitte der 1990er Jahre stammen die Werke, die sich mit den spanischen Königspalästen auseinandersetzen. Darunter wäre vor allem Ferrero zu nennen, der einen Überblick über die wichtigsten spanischen Paläste (1997 orig. span. Ausgabe, dt. Üs. 1999) liefert. Bei seiner Betrachtung muss aber kritisiert werden, dass sie sich mehr durch das reiche Bildmaterial als durch die Textpassagen auszeichnet. Dennoch liefert auch dieses Werk fundierte Informationen zu den einzelnen spanischen Königspalästen. Aufgrund der umfangreichen Betrachtung wichtig ist der Führer für den Real Alcázar von Sevilla, der 1995 von Ana Marín Fidalgo verfasst wurde. Eine weitere Monographie über den Real Alcazar stammt aus den 1970er Jahren und ist somit zur Zeit des Franquismus entstanden, wo man sich nationalgeschichtlicher Aufarbeitung widmete. Der Verfasser, Joaquin Romero Murube, war damals Konservator des Real Alcázars und lieferte durch sein Werk einen wichtigen Beitrag zum Verständnis der Baugeschichte des Alcázars.

Umfangreicher gestaltet sich der Forschungsstand für die islamische Architektur allgemein: Unter dem Titel ´Islamische Architektur´ erschien unter Luigi Nervi 1976 ein umfassendes Handbuch, ein Anspruch, dem 1987 Ettinghausen und Grabar mit ihrem Band ´Arts and Architecture of Islam 650-1250´ folgten. Grabar hat sich zudem mit einer außerordentlich umfangreichen Monographie über die Alhambra für die Forschung verdient gemacht. Einen fundierten Überblick bietet Stierlin, der 1996 sein Werk unter dem Titel ´Islam – von Bagdad bis Córdoba, frühe Bauwerke vom 7. bis 13. Jahrhundert´ veröffentlichte und damit als maßgebend für Hattstein und Delius gesehen werden kann, die 2005 ein Werk mit ähnlichem Anspruch herausgegeben haben, nämlich ´Islam – Kunst und Architektur´.

Neuere Forschungsliteratur bietet die 2007 veröffentlichte Dissertation von Giese-Vögeli, die in ihren Forschungen den Ursprung, Form und Verbreitung des islamischen Rippengewölbes untersuchte. Ebenfalls 2007 erschien ein umfassender Band, in dem sich Karge mit der Kultur und Architektur in Andalusien auseinandersetzt. Da er sich jedoch ganz Andalusien, als auch allen Epochen der Kunstgeschichte widmet, bleibt für die Einzelkapitel nur ein umrissartiger Charakter.

Zwei Werke, die abschließend aufgrund ihres fundierten Überblicks zur islamisch-maurischen Geschichte noch genannt werden sollen, sind jene von Watt und Bossong. Während Watt den Einfluss des Islam auf das europäische Mittelalter (so auch der Titel des Buches von 1972) untersucht, bleibt Bossong in seiner Forschung ('Das Maurische Spanien – Geschichte und Kultur', München 2007) auf das Spanien begrenzt.

Die vorliegende Arbeit will keinen Anspruch auf Vollständigkeit erheben, sie will jedoch eine übergreifende Forschung zur Kultur und deren architektonischer Ausformung im maurischen Spanien bieten. Um ein Verständnis für die recht wechselhafte Geschichte der iberischen Halbinsel und die daraus resultierende andalusische Kultur zu formen, wird in Kapitel 2 zunächst der kulturhistorische Kontext eingehend erläutert, bevor das Thema der maurischen Architektur zu einer wissenschaftlichen Untersuchung gelangen soll.

2. Der kulturhistorische Kontext

2.1 Islamische Expansion und Eroberung Spaniens

In diesem Teil der Arbeit soll der kulturhistorische Kontext der arabisch-islamischen Expansion näher erläutert werden. Allzu oft trifft man auf die durchaus eurozentrische Meinung, die arabische Eroberung sei von einer homogenen Völkerschicht ausgegangen. Diese vermeintliche Einheit wurde jedoch von verschiedensten Völkern und Stämmen gebildet, die durchaus unterschiedliche Lehrmeinungen und religiöse Ansichten vertraten. Wechselnde Machthaber, wie die Araber des Nahen Ostens (Umayyaden), oder die nordafrikanischen Berber (Almoraviden und Almohaden), bis hin zu Rivalitäten untereinander, bestimmten die islamische Expansion bereits von Anbeginn. Wie diese wechselvolle Geschichte im Detail vonstattenging, soll nun in Folge erläutert werden. Nicht einmal hundert Jahre nach dem Tode des Propheten Mohammeds (632) standen islamische Heere bereits an der Meerenge von Gibraltar und waren im Begriff, den ersten Kontakt mit dem europäischen Festland herzustellen. Wie kam es zu dieser rapiden Ausbreitung des Islams in kürzester Zeit? Die Verbreitung des islamischen Glaubens nach dem Tode Mohammeds verlief in einer bis dahin beinahe beispiellosen Schnelligkeit: kurz nachdem die arabische Halbinsel und das ehemalige sassanidische Reich eingenommen waren, breitete sich der Glaube über Teile des byzantinischen Reiches und das Gebiet des heutigen Iran in Richtung Osten aus. Dazu muss angemerkt werden, dass diese Ausbreitung des Glaubens seit Beginn des 7. Jahrhunderts zu keiner Zeit einer bloßen gewaltsamen Zwangsbekehrung folgte, sondern vielmehr auf einer großteils freiwilligen Konversation der verschiedenen Stämme und Völker basierte.[1] Dies erklärt unter anderem die rasche Verbreitung des neuen Glaubens. Wäre es zu erzwungenen Bekehrungen gekommen, hätte sich der Prozess der islamischen Expansion weitaus langsamer vollzogen als dies in der Geschichte tatsächlich der Fall war. Der Grund für den expansiven Charakter des Islams liegt womöglich in der von Montgomery Watt beschriebenen Intension der arabischen Kultur, wonach es bei nomadischen Stämmen der Frühzeit Sitte war, durch Raubzüge, sogenannte ´Razzien´, andere Stämme ihrer Kamele oder anderen Viehes zu berauben.[2]

Der Weg nach Westen aber, also über Nordafrika, war dagegen weitaus schwerer zu bewerkstelligen, da die dort siedelnden Berber den neuen Glauben nur langsam Vertrauen schenkten. Vom heutigen Tunesien, mit Kairouan als Zentrum, ausgehend, rückte der neue Glaube dennoch kontinuierlich gen Westen voran: Kein Jahrhundert nach Beginn der Hidjra[3] waren arabische Krieger bereits im Begriff auf das Festland der iberischen Halbinsel überzusetzen. Ein kleines Truppenkontingent wagte den Vorstoß auf die spanische Halbinsel, die von den Arabern den Namen al Andalus erhielt, und gründete dort die Stadt Tarifa, welche nach dem Kommandanten (Tarif Abu Zura) der islamischen Truppen benannt wurde.

---

[1] vgl. Cardini 2000, 14
[2] vgl. Watt 2002, 18-19
[3] im 91 Jahr der Hidjra, 710 n. Chr.

„Die Herkunft des Namens al-Andalus war bis vor kurzem noch rätselhaft. Er erscheint zum ersten Mal fünf Jahre nach der islamischen Eroberung auf einer zweisprachigen Münze mit der lateinischen Aufschrift „Span(ia)" und der arabischen „al-Andalus". […] Heinz Halm hat kürzlich gezeigt, dass „Al-Andalus" einfach eine Arabisierung der westgotischen Bezeichnung für die frühere römische Provinz Baetica ist: Die Westgoten hatten das Land von 468 bis zur islamischen Eroberung 711 beherrscht."[4] Waren es in den ersten Jahren der Eroberung hauptsächlich wechselnde Schlachterfolge die zwischen den Neuankömmlingen und dem bis dahin herrschenden westgotischen König Rodrigo ausgefochten wurden, so kümmerte man sich bald um die Errichtung einer kontinuierlichen Verwaltung für die neuerworbenen Gebiete.

Durch das Errichten einer konstanten Verwaltung gelang den Arabern in kürzester Zeit die Besetzung weiterer Gebiete auf der iberischen Halbinsel. Die Bevölkerung der besiegten Städte konnte durch Zusammenarbeit mit den Eroberern ihre Rechte und Besitze behalten. Nachdem man vom Süden her gegen Norden vorstieß, verhärteten sich dort die Fronten – es kam zu einer Stagnation der Eroberung. Wodurch diese Stagnation ausgelöst wurde lässt sich aus heutiger Sicht nicht hundertprozentig klären. Sicher ist hingegen, dass es zum einen zu enormen Widerständen christlicher Heere kam, es aber zum anderen auch eine „natürliche topographische Grenze" gab. Wie Bossong bereits feststellte, verlief die Grenze zwischen den von den Muslimen in Anspruch genommenen Gebieten und dem christlichen Norden annähernd der klimatischen Grenze von trockenem Süden und den feuchten Regionen des Nordens.[5] Man gab sich also mit dem südlichen, trockeneren Teil der Halbinsel zufrieden, vielleicht deshalb, weil man die klimatischen Verhältnisse aus den Heimatländern gewohnt war. Interessant ist jedenfalls, dass diese scheinbar ´natürliche´ Grenze über lange Zeit Bestand hatte und von beiden Parteien auch als eine solche anerkannt wurde.

[4] Barrucand und Bednorz 2007, 12-13
[5] vgl. Bosssong 2007, 19

2.2 Weitere geographische Kontakte mit Europa

„Noch bevor die arabische Besetzung des westgotischen Spaniens abgeschlossen war, unternahmen einige arabische Heerführer von den Stützpunkten Narbonne und Pamplona aus Beutezüge ins Rhônetal und nach Südwestfrankreich. Im Jahr 732 drang ein solcher Zug bis gegen Tours und Poitiers vor und wurde dort von Karl Martell vernichtend geschlagen. Dieser Kampf gilt als eine der entscheidensten Schlachten der Weltgeschichte, was insofern richtig ist, als er die Grenze des muslimischen Vordringens in dieser Richtung markierte."[6] Nicht außer Acht gelassen werden darf dabei die Tatsache, dass Spanien mit den oben genannten Grenzen nur einen von drei geographischen Kontakten des Islam mit Europa bildete. Neben Spanien war Sizilien, und damit verbunden auch Süditalien, ein weiterer wichtiger Kontaktpunkt, an dem es zu einem ´Verschmelzen´ der Kulturen kam. Aus dieser Zeit stammen viele der byzantinischen Bauten im Süden Italiens, die auf eine Reaktion von Seiten der christlichen Herrscher gegen die islamische Expansion zurückzuführen sind. Dennoch darf nicht vergessen werden, dass es auch Herrscher wie zum Beispiel Friedrich II. gab, die mit den Moslems nicht nur paktierten, sondern sogar sympathisierten und gerade dadurch ihre Zeit in Bezug auf Wissenschaft und Künste zu einer der fruchtbarsten Epochen der europäischen Kulturgeschichte überhaupt machten. Unter den engsten Vertrauten des Königs waren vor allem Araber und Juden, die er bei seinen mathematischen, astronomischen, oder auch philosophischen Fragen konsultierte.
Ein dritter wichtiger Kontaktpunkt mit Europa war die Gegend des östlichen Mittelmeeres, also die Küstengebiete, an denen die Kreuzzugsbewegung ihre Orientierung fand. Fundamental für ein Verständnis des Kreuzzugphänomens ist der Umstand, dass man nicht erkannte zahlreiche verschiedene Völker vor sich zu haben, sondern der Meinung war, es handle sich um ein homogenes Herrschaftsgefüge, welches das christliche Europa von Asien bis zur iberischen Halbinsel bedrohe. Von dieser Begebenheit ausgehend

---

[6] Montgomery 2002, 21-22

schürten reformatorische Kräfte innerhalb der christlichen Kirche bei Rittern und Volk ein „kollektives religiöses Bewusstsein für jene militärische Unternehmungen, die unter dem (erst im Nachhinein gebräuchlichen, verallgemeinernden und reichlich irreführenden) Begriff „Kreuzzug" zusammengefasst werden."[7] Dass bei den Feldzügen im Namen Gottes[8] keine friedliche Koexistenz von Moslems und Christen zustande kam, liegt hierbei auf der Hand. Gerade das Gegenteil war der Fall: Begründet durch tiefgreifende sozial-strukturelle Niedergänge in der Gesellschaft des 11. Jahrhunderts, waren viele verarmte Menschen mitgezogen und erhofften sich durch Plünderungen einen finanziellen Aufstieg. Als Paradebeispiel für diese Geschehnisse kann die grausame Plünderung Jerusalems im Jahre 1099 stehen.

In Folge entstanden Staatswesen, die von den Christen beherrscht wurden, dafür aber einer ständigen Bedrohung ausgesetzt waren. Es entstand eine Infrastruktur, die für Nachschub aus Europa sorgte – gleichzeitig kamen orientalische Waren nach Europa. Was im Zusammenhang mit unseren Betrachtungen nun von Interesse ist, ist die – wie weiter unten gezeigt werden soll - Problematik der innerpolitischen, bzw. innerethnischen Konflikte. Denn wie in Spanien war es auch hier an der Levanteküste die Uneinigkeit der arabischen Fürsten untereinander, die eine Eroberung ihres Landes erst möglich gemacht hatte.

2.3 Die Umayyaden und das Kalifat

Waren es nach außen hin gemeinsame Feinde - in diesem Falle eben die Christen, die zur inneren Festigung arabisch-islamischer Interessen beitrugen - so herrschte nach dem Abfallen des gemeinsamen Feindes eine innere Unruhe. Wie bereits oben erwähnt bestanden die arabischen Invasoren aus unterschiedlichen Völkern, beziehungsweise

---

[7] Cardini, 2000, 59
[8] ´Gott will es´ - Motto des ersten Kreuzzuges (sog. ´Bauernkreuzzug´)

aus unterschiedlichen Clans, die nun in ihre alten Gewohnheiten von Machtstreitigkeiten zurückfielen und die vermeintliche Einheit der Araber auf die Probe stellten. Bei den in Folge auftretenden Machtkämpfen wurden alle führenden
Familienangehörigen der Umayyaden, mit Ausnahme Abd al Rahmans, getötet. Diesem gelang es nach wechselvollen Ereignissen, als Abd al Rahman I. ein Emirat in Cordoba zu begründen. Das erklärte Ziel von Abd al Rahman I. war eine Festigung der islamisch-arabischen Macht in al Andalus. Eng verknüpft mit seinen Bemühungen über eine konstante Machtbasis in al Andalus ist auch ein Versuch Kaiser Karl des Großen, dieses neu entstandene Reich im Keim zu ersticken und für die Christen wieder einzuverleiben. Es sollte aber bei einem Versuch bleiben.
Abgesehen von einer Festigung der politischen Verhältnisse, war es dennoch eine Zeit der Unsicherheit und des Verrats im Inneren dieses von Abd al Rahman geprägten Reiches. Der Herrscher lebte in ständiger Angst vor Mordanschlägen und Verschwörungen. Zu alledem kam noch eine heftige Sehnsucht nach der Heimat. „Seine Boten reisten nach Syrien, um ihm Bäume zu besorgen, die hier nicht wuchsen, Palmen und Granatapfelbäume, die er im al-Rusafa-Palast, in den Gärten des neuen Alkazars, der auf dem Gelände des Gouverneurpalastes erbaut worden war, sowie am Ufer des Guadalquivir anpflanzen ließ."[9] Diese Begebenheit steht stellvertretend für eine Strömung, die auch von vielen, später in Spanien lebenden, Mauren immer wieder aufgenommen wurde, die Sehnsucht nach der Heimat, das Gefühl am äußersten Ende der Welt zu leben, fern ab von Damaskus, Kairouan oder anderen orientalischen Metropolen dieser Zeit. Diese Sehnsucht, so werden wir später sehen, spiegelt sich auch in den von Mauren errichteten Bauwerken wieder.

[9] Molina 1994, 65

Die Bauwerke, die zur Zeit des Emirats von Cordoba entstanden, zeugen von der Größe und dem Einfluss der Stadt: unter al-Mansur soll es in Cordoba nicht weniger als 600 öffentliche Bäder und 80455 Geschäfte gegeben haben.[10] Eines der prächtigsten Bauwerke Cordobas, die Mezquita, stammt aus eben dieser Zeit. Heute Kirche, wurde die Omajjadenmosche im Jahre 784/785 gegründet. Unter den Einwohnern Cordobas befand sich auch eine große Anzahl an Christen, die sogenannten Mozaraber. Es waren dies Christen, die unter einer islamischen Regierung lebten, ihren Glauben frei ausleben und sogar Kirchen errichten durften. Niemand wurde gezwungen einen anderen Glauben anzunehmen, was, bedingt durch die Großzügigkeit der Mauren, zu vielfacher freiwilliger Konversion geführt hat.

Neben der friedlichen Koexistenz von Christen und Moslems gab es aber auch eine innermoslemische Spannung, die mit jahrzehntelangen Revolten und Aufruhren beschäftigt war. Dies sollte sich erst unter einem der Nachfolger des Emirs, nämlich Abd al Rahman III. legen. Abd al Rahman III., auch al-Nasir genannt, führte das maurische Reich Cordobas zu einer bis dahin nicht existenten Zeit des Friedens und des Wohlstands. „Cordoba war zu seiner Zeit nach Konstantinopel und Bagdad eine der drei größten Städte der christlichen und islamischen Welt."[11] Abd al Rahman III. war es auch, der die bis dahin schwersten Kämpfe mit den christlichen Reichen des Nordens austrug. Ein bedeutendes Zeugnis der Regierung Abd al Rahmans III. ist die heute nur noch als Ruine erhaltene Palaststadt Madinat al Zahra.

Außerhalb Cordobas gelegen, auf drei Terrassen aufgeteilt, lässt sich auch im ruinösen Zustand noch der einstige Glanz dieser Stadt erahnen. Die Stadt muss mit ihren Aussichtsterrassen und Wasseranlagen auf die christlichen Besucher aus dem Norden großen Eindruck gemacht haben. Irakische Künstler, Musiker und Dichter wurden an den cordovanischen Hof geholt, um, wie Bossong schreibt,

---

[10] vgl. Molina, 1994, 70
[11] Zeit 2006, 217

den „Glanz des Orients so sehr nachzuahmen, dass man sein Vorbild bald eingeholt, wenn nicht sogar in einigen Bereichen überflügelt hatte."[12] Auf diese machtpolitische Basis konnte der Nachfolger Abd al Rahmans III., al-Hakam II., seine Regierung aufbauen.

Er führte die Friedenspolitik seines Vorgängers und Vaters fort, da er mehr an Kultur als an Kriegen interessiert war. Nach einem Machtwechsel, dem verschiedene Ursachen zugrunde liegen, ging nach wenigen Jahren al-Mansur als nächster mächtiger Herrscher hervor. Von Beginn seiner Herrschaft an unternahm er zahlreiche Feldzüge gegen die Christen, wobei die Plünderung von Santiago de Compostela im Jahre 977 sicherlich als die bedeutungsträchtigste Aktion zählt.

Die bereits oben erwähnten inneren Streitigkeiten unter den Mauren waren nun der erneute Grund für den Niedergang des Kalifats. Genauer betrachtet waren es die von den Arabern aus Nordafrika ins Land gerufenen Berber. Denn obwohl diese sich schnell den gegebenen Lebensgewohnheiten anpassten, herrschte eine immerwährende ethische Spannung zwischen den Mozarabern (der christlichen Bevölkerung), den Muladies (der zum Islam übergetretenen Spaniern) und eben diesen Berberstämmen. Der Hauptgrund für diesen Prozess mag in einem seit frühesten Anfängen orientalischer Kultur verwurzelten ´Clandenken´ arabischer Völker zu finden sein. Bossong schreibt zu diesem Phänomen: „Das Projekt eines aufgeklärten islamischen Staates, in dem die Völker in Frieden miteinander leben, von dem Umayyaden Abd al-Rahman I. al-Dakhil mit prophetischer Weitsicht begründet und von seinen Nachfolgern mit Geduld und Hartnäckigkeit weiterverfolgt, ging an den in der fitna aufgebrochenen ethnischen Konflikten zugrunde. Mit dem Untergang der Zentralmacht kam die Zersplitterung in miteinander kämpfenden Kleinstaaten."[13] Diese Kleinstaaten, begründet durch zahlreiche aus Cordoba geflohenen und neuernannten Fürsten oder Mitgliedern alter Adelsfamilien, nannte man ´Taifas´.

---

[12] Bossong, 2007, 24
[13] ebd., 31

2.4 Die Taifa-Königreiche

„Im Jahre 1031 erklärten die Notablen der Hauptstadt das Kalifat für erloschen; al-Andalus zerfiel in rund dreißig Herrschaftsgebiete lokaler und regionaler Potentaten, der „Taifakönige", so genannt, weil sie in drei Taifas (nach arabisch taifa: „Partei", „Sekte") zerfielen: die der Araber [...], die der Berber und, besonders im Osten, die der Amiriden, der Nachkommen oder Anhänger Al-Manurs, die europäischer Herkunft waren."[14] Die Geschichte der Taifa-Königreiche ist zu komplex, als dass man sie in einigen wenigen Sätzen befriedigend wiedergeben könnte.[15] Dennoch soll der Versuch gemacht werden, die vielfältigen historischen Ereignisse darzustellen: Auch in dieser Epoche des maurischen Spaniens herrschten Rivalitäten der arabischen Völker untereinander, da es eine Vielzahl an Kleinreichen und somit potenziellen Herrschern gab. Konflikte zu den Nachbarreichen waren vorprogrammiert, obwohl es nicht nur eine Zeit kriegerischer Auseinandersetzungen, sondern auch eine Phase kultureller Blüte gab. Im direkten Konkurrenzkampf zueinander, versuchten die Herrscher sich durch Dichter, Ärzte, Philosophen und andere Gelehrte gegenüber den konkurrierenden Machthabern zu profilieren. Von Distinktionsbedürfnis und inneren Streitigkeiten geblendet, scheint es, als habe man den großen gemeinsamen Feind – die christlichen Reiche im Norden der Halbinsel - vollkommen aus dem Blickfeld verloren. So wurde die christliche Eroberung der Festung von Barbasto im Jahre 1064 zum Initialereignis für die Moslems, es „wurde ihnen plötzlich vor Augen geführt, dass ihre blühenden Reiche „auf Sand gebaut waren", wie der zeitgenössische Historiker Ibn Hayyan schrieb, und eine Vorahnung der kommenden Katastrophe erfasste die Menschen."[16] Und dennoch sind in dieser Episode von al Andalus die Christen nicht nur als Feinde der Mauren anzusehen: Von Afrika her drohte eine neue Gefahr, ein neues erstarktes Volk, das machthungrig eine gravierende Bedrohung für die

---

[14] Zeit 2006, 219
[15] So spricht Bossong beispielsweise von sechzig, anstatt dreißig Taifa-Königreichen
[16] Bossong 2007, 35-36

Taifa-Königreiche darstellte, nämlich die Stämme der Almoraviden. Ausgerechnet diese wurden später von einem der Taifa-Könige in einem Konflikt zu Hilfe gerufen, wodurch sie Macht erlangen konnten und in Folge ein Taifa-Reich nach dem anderen erobern konnten.

Ein weiterer wichtiger Faktor ist jener der Schutzzahlungen von Taifas an die christlichen Reiche: „Solange sie zahlten, ließen die christlichen Nachbarn sie in Ruhe. Dass mit diesen Schutzzahlungen das Machtgleichgewicht zugunsten der Christen verschoben wurde, erkannten die Taifa-Fürsten zu spät. […] Die blühenden Taifa-Reiche hatten nicht genügend militärische Macht, um sich dem Druck aus dem Norden auf Dauer zu widersetzen. Ab 1064, der schicksalhaften Einnahme von Barbasto im Pyrenäenvorland, sollten sie nicht mehr zur Ruhe kommen, bis zu ihrer Vernichtung zwischen 1090 und 1094 - nicht durch die Christen, sondern durch die muslimischen Almoraviden."[17]

2.5 Die Dynastien der Berber (Almoraviden und Almohaden)

Die muslimische Vernichtung hatte das Ende des „spanischen Sonderweges" (Bossong) zur Folge. Das bedeutete, dass von diesem Zeitpunkt an das Paktieren zwischen Muslimen und Christen ein Ende hatte, es aber auch zu keinen größeren Auseinandersetzungen der Mauren untereinander kam. Die Machtgewinnung der Almoraviden hatte eine strikte Trennung von Nord und Süd, von Christen und Moslems zur Folge. Von nun an schlug man eine streng konservative Richtung ein, die nun nicht mehr im Land selbst verwaltet wurde, sondern vom entfernten Maghrebgebiet ausging. War man also auf muslimischer Seite auf eine „Verhärtung der Grenzen" aus, so antwortete man von christlicher Seite mit dem Gedanken der Reconquista. Dieser ist ein spezifisch spanischer Gedanke, der in den östlichen Teilen des Mittelmeeres in Form der Kreuzzüge seine Entsprechung fand. Doch muss man diese beiden Phänomene unbedingt differenziert betrachten: „Reconquista und Kreuzzüge unterscheiden sich voneinander durch ihr jeweils anderes

---

[17] Bossong 2007, 41

Mischungsverhältnis von Idee und Tat. Bei der Reconquista gingen die Taten voran, und die Idee folgte nach; bei den Kreuzzügen hingegen war erst der Gedanke da, dem die Tat folgte. Der Unterschied mag in Wirklichkeit nicht so schlagend gewesen sein, wie er hier formuliert wird; aber er ist deutlich genug wahrnehmbar, um eine Besinnung auf die Entstehung des Kreuzzugsgedankens zu rechtfertigen."[18] Wie kam es also nun zur Reconquista, dem Pendant der Kreuzzugsbewegung auf der iberischen Halbinsel? Betrachten wir dazu das Berbervolk der Almoraviden etwas genauer: Geistiger Stammvater der Almoraviden war Abdallah ibn Yasin, der eine neue Art von Kriegermönchen initiierte. „Diese zogen sich in wehrhafte Klöster zur Meditation zurück und wurden deshalb al-murabitun genannt, also Männer, die in einem „Wehrkloster" (ribat) leben; daher kommt der Name „Almoraviden."[19] Dass die Almoraviden Kriegermönche waren impliziert, dass der Krieg für sie Mittel zum Zweck war und der religiös motivierte Krieg, der „djihad", somit in dieser fundamentalistischen Glaubensauslegung gerechtfertigt war. Krieg führten sie auch in dem von ihren Landsleuten besetzten Spanien, erst recht als sie sahen, wie sehr die Mauren in Prunk und Gelüsten ihr Leben verbrachten. Es ging ihnen also einerseits darum die Herrschaft zu einen und andererseits um die Reinthronisierung eines konservativen Islam. Nach und nach gelang es den Almoraviden ihr Vorhaben durchzusetzen, dies allerdings unter dem ständigen Beigeschmack von Auseinandersetzungen mit den Christen. Wichtige militärstrategische Bastionen wechselten dadurch innerhalb weniger Jahre mehrmals ihre Besitzer. Die Lage spitzte sich dennoch immer mehr zu, bis es zu einer Ausweisung der Christen kam: „1128 wurde eine Fatwa zur Ausweisung der christlichen Mozaraber erlassen, bald folgten Dekrete zur Ausweisung der Juden. Die von den Almoraviden offiziell geförderten malikischen Religionsgelehrten suchten jede Diskussion, jede geistliche Erneuerung im Keim zu ersticken."[20]

---

[18] Watt 2002, 71
[19] Bossong 2007, 44
[20] Bossong 2007, 46

Trotz ihrer Radikalität in der Ausübung des Glaubens und somit der Rechtsprechung, wurden die Almoraviden sehr bald von einem zweiten Berberstamm, den der Almohaden, abgelöst. Nach den anfänglichen Erfolgen und dem anfänglichen Enthusiasmus des Rückeroberungsgedanken wurden auch die Almoraviden in ihren Bestrebungen müde und kämpften ihre Sache mit immer weniger Elan. Grund dafür war sicherlich auch der enorme Einfluss des feinen Lebensstils, der sich im arabischen Spanien herausgebildet hatte.

Dies nahmen die Almohaden zum Anlass, erneut eine Reinthronisation des ursprünglichen Islams zu propagieren. Da diese sich jedoch anfänglich stärker auf ihre nordafrikanische Heimat konzentrierten, bildeten sich gleichzeitig dazu in al Andalus Machtzentren heraus, die sich von der ursprünglichen almoravidischen Oberhoheit freisagten. Diese autonomen Machtzentren nennt man daher auch ´zweite Taifas´.

Wenn es auch schließlich gelang zu einer muslimischen Einigung zu finden, so waren die christlichen Königreiche des Nordens bereits zu sehr erstarkt, als dass man dagegen noch etwas unternehmen hätte können. Nach dem Zerfall des almohadischen Reiches kam es zu einer erneuten Aufteilung Andalusiens in viele kleine Königreiche - die sogenannten ´dritten Taifas´. Wie ist die Herrschaft der Almoraviden und der Almohaden im Nachhinein gesehen also zu beurteilen? Beide Berberstämme waren nicht dauerhaft in die Geschehnisse Andalusiens involviert, was sicherlich auch an der geographischen Distanz begründet sein mag.

Wie oben bereits aufgezeigt wurde, agierten die Berber hauptsächlich im nordafrikanischen Raum, in Spanien dagegen nur, wenn es direkte Auseinandersetzungen gab. Dies steht im Kontrast zum Gedanken der früheren muslimisch-arabischen Eroberungen des europäischen Festlandes, wo die Usurpatoren sich um eine dauerhafte Niederlassung der besetzten Regionen bemühten. Wie Bossong zu dieser Entwicklung richtig bemerkt, waren es nicht nur die Berberstämme die Grund für den Untergang des andalusischen Sonderweges waren, sondern ebenso die erstarkten und machthungrigen christlichen Königreiche des Nordens.

2.6 Granada und die Nasriden

Die inneren Uneinigkeiten und die Königreiche Nordspaniens machten derart Druck auf die arabischen Herrschaftsgebiete, dass sich im Verlaufe der folgenden Jahrzehnte deren territoriale Einflussgebiete immer mehr auf den Süden der Halbinsel beschränkten – so lange, bis schließlich nur noch das Reich der Nasriden in Granada übrig blieb.

Wie konnte aber dieses Reich als einziges überleben, während all die anderen zugrunde gingen und daraufhin von den Christen übernommen wurden? Der Gründer des Nasridenreiches, Muhammad ibn Nasr, sicherte sich seine Herrschaft nicht durch kriegerische Auseinandersetzungen mit den christlichen Herrschern des Nordens, sondern paktierte mit Ferdinand III. und sicherte somit den Fortbestand seines Reiches. Interne Zwistigkeiten gab es jedoch auch auf der Seite der Christen, wodurch ein Vormarsch gegen Süden hinausgezögert wurde. Erst als die christlichen Königreiche untereinander Frieden geschlossen hatten, war der geeinten militärischen Macht ein siegreicher Zug gegen das Nasridenreich möglich. Das Ereignis für ein gemeinsames Vorrücken war die Hochzeit zwischen Ferdinand von Aragon und Isabel von Kastilien im Jahre 1469. Von da an kämpfte man sich sukzessive Stadt für Stadt vor, bis man 1490 vor Granada stand: „Um die Kapitulation zu beschleunigen, bot man den Muslimen höchst vorteilhafte Bedingungen; zugesagt wurden die Freiheit der Religionsausübung, eine eigenständige Gerichtsbarkeit, keine Strafe für Konvertiten in beiderlei Richtung, keine Bestrafung für die Teilnahme am Krieg, Generalamnestie."[21] Durch diese Lockmittel wurde der maurische Widerstand gebrochen und Ferdinand von Aragon konnte die Stadt 1492 ohne Kampfhandlungen übernehmen. Mit der Einnahme Granadas enden die zahlreichen Epochen islamischer Herrschaft auf der iberischen Halbinsel, zugleich war aber ein neues, ein einheitlich christliches Spanien geboren. Die im Land verbliebenen Muslime bildeten eine eigene Gruppe im Land, die sogenannten Moriscos.

[21] Bossong 2007, 58

2.7 Die Moriscos

Aus den eroberten Muslimen wurden sogenannte Mudejares, Moslems die ihren Glauben behielten, aber unter christlicher Oberhoheit leben mussten. Die Mauren, die im Land blieben, waren weitgehend Handwerker und Angehörige unterer Gesellschaftsschichten. Diejenigen die es sich leisten konnten zogen weg aus al Andalus.
Für den Kontext dieser Arbeit sind die im Land verbliebenen Handwerker von Interesse, da sich durch diese Handwerkerklasse eine neue Kunstrichtung entwickelte, die Mudejar Kunst. Diese Kunstströmung charakterisiert, dass es sich um Architektur- und Ornamentformen handelt, die von arabischen Handwerkern für christliche Auftraggeber und somit christliche Gebäude gefertigt wurden. „In die christliche Architektur bringen sie maurische Dekoration wie den geometrisch angelegten Gipsschmuck yeseria ein oder ihre prächtigen Artesonado-Holzdecken sowie die Fliesenkunst, die Azulejos. Eine Verschmelzung spätgotischer Elemente mit der maurischen Dekorationskunst ist nicht selten. Zeitlich kann die Mudejar-Kunst vom 11. bis zum 16. Jh. eingeordnet werden: vom Zerfall des Kalifats von Cordoba, der mit dem christlichen Vorstoß Richtung Süden einhergeht, bis zum Beginn der Renaissance."[22] Die Mudejar-Kunst findet eine ihrer kunstvollsten Ausformungen im Alcázar von Sevilla, der aus eben diesem Grund der Ausgangspunkt für die Betrachtung maurischer Kunst in Andalusien sein soll. (vgl. Kap. 4) Wenn auch der künstlerische Austausch fruchtbar gewesen sein mag, so veränderten sich dennoch die ökonomischen und kultursoziologischen Begebenheiten rasant. Die Repressalien von christlicher Seite nahmen immer mehr zu, solange bis man anfing, die Mauren zur Konversion zu zwingen. „So folgte auf die militärische Katastrophe der Eroberung von Granada die menschliche Tragödie der Zwangskonversation der Mudejares in ganz Spanien. Sie waren nun alle zu Moriscos geworden. Seit 1502 gab es in Kastilien, seit 1525 in Aragon und Valencia offiziell keine Muslime mehr. Zusammen mit

---

[22] Gimpl 2009, 64

der Ausweisung der Juden im Jahre 1492 bedeutet dies die totale Gleichschaltung im Glauben."[23] Nach knapp acht Jahrhunderten (710-1492) islamischen Einflusses auf die iberische Halbinsel war der Islam nun endgültig zurückgedrängt und dem christlichen Glauben gewichen.

2.8 Der arabische Einfluss auf Spanien

Denkt man an das Mittelalter, so wird damit oft der vielstrapazierte Begriff des ´Dunklen Zeitalters´ assoziiert. An den Rändern des mittelalterlichen Europas kam es trotz dieses ´dunklen Zeitalters´ zu einer Blüte in den verschiedensten Wissenschaften. Die Höhepunkte wissenschaftlicher Forschungen gehen zu dieser Zeit hauptsächlich auf die Araber zurück. Umstritten ist dabei immer noch die Frage, inwieweit man die antiken griechischen Kenntnisse übernommen hat und inwieweit man eigenständiges hervorgebracht hat. Sicher ist aber, dass es in den von Arabern bewohnten Gebieten zu einer mittelalterlichen Hochblüte in Mathematik, Geographie, Literatur, Biologie, Landwirtschaft, Medizin, Philosophie, Astronomie und vielen anderen Wissenschaften kam. Maßgeblich beteiligt an dieser Entwicklung waren vor allem die zahlreichen Übersetzerschulen[24], die es möglich machten, antike Schriften für die Europäer wieder ´neu´ zu erschließen. Der arabische Einfluss auf Spanien, in weiterer Folge auf Europa, wurde durch zwei wesentliche Faktoren vollzogen: Erstens war es ein ´europäischer Weg´, also die bereits oben erwähnten Kontakte auf der iberischen Halbinsel, in Süditalien und an der Levanteküste. Zweitens gab es den ´arabischen Weg´, der sich durch die rege Mobilität der Araber als Handelsvolk auszeichnet. Watt charakterisiert diese Eigenschaft des Islam trefflich, wenn er schreibt: „Die Religion des Islam war keine Religion der Wüste und auch keine von Bauern, sondern in erster Linie eine Religion von Händlern."[25]

---

[23] Bossong 2007, 61
[24] mit Toledo als der Berühmtesten
[25] Watt 2002, 31

Durch die Mobilität, die der Handel erfordert, wurden bahnbrechende Fortschritte in der Entwicklung, beziehungsweise Weiterentwicklung in der Schifffahrt gemacht. Diese Fortschritte, zu denen unter anderem das Lateinersegel oder die Weiterentwicklung des Kompasses gehörte, machten sich allmählich auch die Europäer zu Nutze.[26] Durch diese enormen Entwicklungen in den Wissenschaften war eine Lebensweise möglich geworden, die im Mitteleuropa dieser Zeit einen krassen Gegensatz gefunden hatte. Der ´Arabische Luxus´ wurde zum Ausdruck eines Lebensstils, der sich an die sinnlichen Seiten des Lebens wandte. Schattige Innenhöfe mit Wasserspielen und Musik, bewachsen mit allerlei Obstbäumen und Zierpflanzen, prägten das Bild der arabischen Oberschicht. „Die spanische Sprache belegt, dass in erster Linie die Araber für zahlreiche Verbesserungen und Veredelungen in der Baukunst verantwortlich waren. Die Wörter für „Baumeister" und „Maurer" kommen aus dem Arabischen: alarife und albanil; ferner alcazar, Schloss, Burg; alcova Alkoven (Schlafzimmer); azulejo, Fliese, Kachel; azotea, flaches Dach, Söller; boldosa, Bodenfliese; zaguan, Vorsaal...[...] Sogar byzantinische Handwerker sollen nach Spanien geholt worden sein. Allerdings sind byzantinische Anregungen weniger häufig als syrische aufgenommen worden. Handwerker aus dem islamischen Osten haben wohl ebenfalls in Spanien gewirkt."[27] Die mittelalterlich islamische Mentalität vermittelt sich heute noch durch Bauwerke maurischer Herkunft, so zum Beispiel in den Innenhöfen der Alhambra in Granada oder dem Alcazar in Sevilla. (vgl. Kap. 5) Am deutlichsten wird der arabische Einfluss aber sicherlich durch die Vielzahl an Lehnwörtern, die nicht nur in der spanischen Sprache, sondern durchaus auch im Deutschen gebräuchlich sind. Auf eine Erwähnung zahlreicher arabischer Lehnwörter sei hier verzichtet, als Vergleich mag aber auf die einleitenden Worte von Sigrid Hunke in ihrem Buch „Allahs Sonne über dem Abendland" verwiesen sein.[28]

---

[26] vgl. ebd., 36
[27] Watt 2002, 40-41
[28] Sigrid Hunke, „Allahs Sonne über dem Abendland – Unser arabisches Erbe", Fischer Verlag, Frankfurt am Main 2009

2.9 Differenzierte Beurteilung des arabischen Einflusses

Als Abschluss der historischen Einleitung soll noch ein Kapitel der Forschung erwähnt werden, das sich mit der kritischen Betrachtung des islamischen Einflusses auf Spanien auseinandersetzt. In der Erforschung der Geschichte Spaniens gibt es zwei grundlegend verschiedene Richtungen: eine pro-islamische und eine contra-islamische. Dies bedeutet, dass eine Forschergruppe den Einfluss des Islam, respektive der Araber, auf die iberische Halbinsel als fruchtbar ansieht und die Aufnahme arabischer Kultur als Bereicherung der eigenen Kultur versteht. Die zweite Gruppe geht davon aus, dass gerade die direkte Konfrontation, also die durchaus kriegerische Auseinandersetzung von Christentum und Islam, erst die spanische Mentalität und Kultur geprägt hat. „Zwei Historiker [...] haben diese Kontroverse ausgetragen: Americo Castro (1885-1972) und Claudio Sanchez-Albornoz (1893-1984). [...] Americo Castro brach mit allen überkommenen Vorstellungen, indem er dem muslimischen wie auch dem jüdischen Element eine Schlüsselstellung zuerkannte. Erst durch das Zusammenwirken der drei Religionen, so Castro, sei es zur Entstehung der spanischen Nation mit eigenständiger Identität gekommen. [...] Americo Castros Buch rief die traditionell orientierten Historiker auf den Plan, allen voran Claudio Sanchez-Albornoz. [...] Er verteidigt die traditionelle Auffassung von der Kontinuität des spanischen Wesens über alle Zeitläufe hinweg."[29] Wie Bossong richtig schreibt, wurde die Ansicht von Sanchez-Albornoz zwar unter dem Franco Regime als allgemeine Lehrmeinung, also Maurophobie und Antisemitismus, verbreitet, wird aber heutzutage von den meisten Gelehrten strikt abgelehnt. Das Schlüsselwort für die spanische Mentalität lautet daher ´convivencia´, also Zusammenleben und Zusammengehörigkeit der drei großen monotheistischen Religionen Judentum, Christentum und Islam – auch, wenn diese ´convivencia´ nicht immer friedlich gelebt wurde.

---

[29] Bossong 2007, 10-11

3. Charakteristika Maurischer Architektur

3.1 Arabisch-Islamische Architektur allgemein

Im folgenden Kapitel sollen nun die wesentlichen Merkmale der islamisch-arabischen Architektur erläutert werden. Dies soll einerseits dazu dienen, dem Leser einen Eindruck von den Besonderheiten dieser Architektur und ihrer Ausstattungsformen zu gewähren, andererseits soll es eine Stütze zum Verständnis der Termini in Bezug auf die Auseinandersetzung mit dem Real Alcazar von Sevilla im Folgekapitel sein. Begriffe wie Muqarnas, Alfiz, Artesonados, oder Azulejos sollen hierbei auf Sinn und Bauweise erklärt werden und zudem die spezifisch maurischen Bogen- und Kuppelformen eine nähere Betrachtung erfahren.

Besondere Betonung muss bei diesem Thema die Erwähnung finden, dass auch in der arabisch-islamischen, respektive maurischen Architektur immer eine bestimmte Strömung, ein bestimmter „Zeitstil" tonangebend war: „In den ersten Jahrhunderten nach Beginn der islamischen Zeitrechnung, der Hidschra, sind Kairouan, die Hauptstadt des aghlabidischen Reiches, und Cordoba, die Hauptstadt des umayyadischen Kalifats im Westen, die Zentren der maghrebinischen Kunst. Im 9. und 10. Jahrhundert wird Marokko zu einem neuen Machtzentrum, in dem das berberische Element fast ohne ausländischen Einfluss deutlich zum Ausdruck kommt."[30] So unterscheidet sich beispielsweise die Baukunst oder auch der Baudekor aus der Zeit des Emirats von Cordoba zum Teil erheblich von der Baukunst aus späteren Epochen, wie zum Beispiel jener der Nasriden in Granada. Diese unterschiedliche Auffassung des verwendeten Baudekors war es, die eine Zerstörung früherer Bauten erst verursachte. Das bekannteste Beispiel dafür ist die Palaststadt Madinat-al-Zahra, die von Abd-al-Rahman III. erbaut wurde, und nicht einmal ein Jahrhundert später von Arabern selbst zerstört wurde, da in den Augen jener der Baudekor zu verschwenderisch, zu „gottlos" eingesetzt wurde.

---
[30] Migeon und Saladin 2009, 27

Zur arabisch-islamischen Architektur wäre allgemein festzuhalten, dass es sich dabei meist um eine leichte, beinahe fragil wirkende Architektur handelt. Dies bedingt sich schon alleine durch die verwendeten Materialien, wie beispielsweise der Stuck aus Gips oder die Deckenkonstruktionen aus Holz. Denkt man an die für die islamische Architektur so wichtigen Stalaktiten- und Muqarnaskuppeln, so fällt hier stark ein (islamischer Architektur inhärenter) Drang auf, Konstruktionen zu verschleiern und somit einen schwebenden Charakter zu verleihen. Bemerkenswert ist auch die Sicherheit mit der die Bauten in al Andalus von Anfang an gefertigt wurden. Keine erkennbaren Unsicherheiten in der Bauweise sind darin zu erkennen. Über diese Eigenheit maurischer Architektur schreibt Barrucand: „Die Entwicklung, die dazu führte, hatte sich nicht auf spanischem Boden vollzogen, sondern im Vorderen Orient, wo die umayyadische Kunst und Kultur von der Mitte des 7. bis zur Mitte des 8. Jahrhunderts entsteht, wächst und reift. Im Vorderen Orient reißt dieser Faden im Jahre 750 ab, um in Spanien etwa 30 Jahre später wiederaufgenommen zu werden. Um diese Zeit setzt im Vorderen Orient eine andere Entwicklung ein, die im Verlauf einer tiefer greifenden Orientalisierung vom ummayyadischen Erbe fort zu neuen Gestaltungsprinzipien und Formen führt. Auf der Iberischen Halbinsel hingegen wird dieses Erbe durch die unausweichliche Auseinandersetzung mit dem viel früher einheimisch gewordenen römischen und westgotischen Kulturgut bereichert, jedoch nicht verfremdet."[31] Spürbar wird dieses Formenkonglomerat hispano-römischer, westgotischer und syrisch-arabischer Einflüsse bei den erhaltenen Palästen maurischer Architektur, wie beispielsweise am Maurenpalast Peters I. in Sevilla oder den Palastbauten der Alhambra von Granada, die durch ihre prachtvolle Ausstattung alle bis jetzt bekannten vergleichbaren Paläste aus dem Nahen Osten bei weitem übertrifft.

---

[31] Barrucand 2007, 217

3.1.2 Mudejar-Kunst

Wie in Kapitel 2.7 kurz angeschnitten, handelt es sich bei dieser genuin spanischen Kunstform, um Architektur und Kunsthandwerk, das nach der christlichen Eroberung des Landes von den dort verblieben Mauren ausgeübt wurde. Als wesentliches Merkmal der Mudejar-Kunst kann festgehalten werden, dass sie weder rein christlich, noch rein arabisch ist, vielmehr stellt sie eine Art Übergang, oder Zwischentendenz in der Kunst Spaniens dar: „Die Herausbildung der spanisch-islamischen Kunst war zunächst ein Schmelzprozess, in dem westgotische, römisch-iberische, römisch-syrische, byzantinische und arabische Elemente sich zu einem neuen und eigenständigen Stil verbanden, der seinerseits anderen Kunstrichtungen befruchtende Impulse gab."[32]

In der Literatur über maurische Architektur findet sich zu dieser oft der Terminus eines „Erbes islamischer Kunst", was allerdings durch christliche Einflüsse, wie Gotik und Renaissance, relativiert wird.

Doch gerade dieser Formenaustausch prägt die Mudejarkunst von Anfang an, wobei es zu dieser, bis dahin nur partiell existierenden, Kunstform kam. Als hauptsächlicher und wichtigster Charakter der Mudejarkunst kann die Vorliebe des „Verschleierns" wichtiger Bausubstanz mit Hilfe von Gipspaneelen (Yeserias) angesehen werden. Dabei handelt es sich um ein primäres Element das unmittelbar zum Bau gehört, gleich wie in der arabischen Kunst, die schließlich als Provenienz dieses Formenrepertoires gilt. Durch die dabei verwendeten geometrischen und ornamentalen Muster darf man den Mudejarkünstlern sicherlich eine hohe Fertigkeit in der Geometrie zusprechen. Wie in Kapitel 4 geschildert, ist die Vorliebe der Mudejarkunst vor allem in der Ornamentik zu finden. Flechtbandmuster, als auch ornamentale und geometrische Elemente finden sich in allen Zonen eines Mudejarbauwerkes, ob Sockelzone, Wand, oder Decke. Letztgenannte waren eine Besonderheit maurischer Zimmermeister, die durch ihre außerordentlichen

---

[32] ebd., 13

Fertigkeiten die Holzdecken, die sogenannten Artesonado-Decken, zu einem beliebten Bestandteil zahlreicher Bauten in ganz Andalusien werden ließen. Dass die Mudejarhandwerker unter christlicher Oberhoheit arbeiteten erklärt die Tatsache, dass von den erhaltenen Gebäuden aus der Mudejarepoche viele christliche Bauwerke, profane wie sakrale, erhalten geblieben sind. Stellvertretend soll an dieser Stelle der Mudejar-Palast von Peter I. angesprochen werden, da er exemplarisch zeigt, was hier bereits behandelt wurde: Sockelzonen, die durch ihre geometrischen Muster von der hohen Handwerkskunst der ausführenden Bauleute zeugen, Wandzonen, die durch Yeserias regelrecht verschleiert wurden, oder die als Raumabschluss eingesetzten und qualitativ gearbeiteten Artesonado-Decken, die durch ihre Bemalung und Vergoldung ein Bild arabischen Luxus vermitteln. Beispiele dieser Kunstform überlebten die Jahrhunderte in den Bereichen des Mahgreb, besonders aber in Marokko wo man sich der maurischen Bauweise auch nach der christlichen Reconquista, mit der totalen Einnahme der iberischen Halbinsel im Jahre 1492, noch bediente. „Fast die gesamte marokkanische Kunst der letzten Jahrhunderte treibt im Fahrwasser Granadas. […] Während Tunesien und Algerien nach der türkischen Eroberung zu Provinzen der osmanischen Kunst wurden, blieb Marokko in unbeirrbarer Beständigkeit dem andalusischen Erbe treu."[33]

3.2 Baumaterialien

Die im nördlichen Spanien zeitgleich entstandenen Bauwerke im Stile der Romanik, wirken im direkten Vergleich mit den arabischen Bauten schwerfällig und lastend, wohingegen die arabischen Baumeister von Anbegin die Leichtigkeit in ihren Bauwerken auszudrücken wussten. Wie eingangs erwähnt, ist diese Tatsache zum Großteil den verwendeten Baumaterialien geschuldet, weshalb diese nun zu einer Untersuchung gelangen sollen.

---

[33] Barrucand 2007, 17

Besucht man ein arabisches Bauwerk, so fällt als erstes eine gewisse - man könnte sagen mathematisch exakt ausponderierte - ´Zerstückelung´ des Bauwerks in unterschiedliche Flächenmuster auf. Diese ´Zerstückelung´ ergibt aber im großen Zusammenhang ein einheitlich harmonisches Ganzes, das den Bauwerken ihre charakteristische Eleganz verleiht. Besonders bei westislamischen und hispano-islamischen Bauwerken, fällt die besondere Vorliebe für einige wenige ausgewählte Baumaterialien auf: Lehm, Stein, Gips, Holz. Diese Baumaterialien werden für die statische Bausubstanz, als auch für den Baudekor herangezogen. Auffallend für die maurische Architektur ist dabei eine gewisse ´Hierarchie´ bei Verwendung der Materialien: In der untersten Wandzone, der Sockelzone, kommen fast immer Fliesen zum Einsatz, gefolgt von Gipspaneelen in der mittleren Wandzone, und abschließend das Holz für die berühmten arabischen Holzdecken.

Eines der wichtigsten Elemente ist dabei der Einsatz von Gipspanelen, Yeserias genannt. Gips ist, neben Holz und Lehm, einer der bevorzugten Baustoffe in der arabischen Baukunst. Dies hat vielerlei Gründe, wobei hier aber nur die drei wichtigsten genannt werden sollen: 1. Gips ist leicht zu verarbeiten, also im Zuge von Restaurationsarbeiten leichter zu rekonstruieren, 2. Gips wirkt schmutzabsorbierend, 3. Gips reguliert die Feuchtigkeit in den Räumen. Gips wurde für die Wandverkleidungen verschieden verarbeitet, so konnte man entweder die Musterung noch vor dem Anbringen an der Wand formen, oder aber man drückte mit Hilfe von Schablonen die Musterung in den noch feuchten Putz an der Wand ein. Yeserias zeigen meist ornamentale Muster, sogenannte „Atauriques", oder geometrische Muster, die man oft durch kalligraphische Schriftzeichen bereicherte. In maurischen Bauwerken dienen diese Schriftzeichen der Verherrlichung Allahs und sind meist aus dem Koran entlehnte Suren. (vgl. Kap. 3.5)

Einen weiteren wichtigen Werkstoff bildet das Holz, das man durch meisterhafte Bearbeitung bei den bereits genannten Artesonado-Holzdecken oder Türen zum Einsatz brachte. Dazu schreibt Gimpl: „Die Decken werden in der maurischen Architektur aus den

Materialien Holz oder Stuck gestaltet. Kunstvolle Artesonado-Holzdecken zeigen Einlegearbeiten, farbige Bemalung und diffizile geometrische Muster. Der Name Artesonado leitet sich von einem Gemüse - oder Obstschuber am Markt her, denn genau daran erinnert die Decke, würde man sie umdrehen."[34] Regional unterschiedlich ist dabei allerdings die Verwendung dieses Werkstoffes: in Gebieten mit geringem Holzvorkommen griff man hauptsächlich zu Lehm als Baumaterial, während in Regionen mit reicher Bewaldung Holz für den Bau bevorzugt wurde.

Wie in Kapitel 3.2.2 erwähnt, bediente man sich in baumarmen Regionen anderer Baumaterialien, wobei Lehm in der arabischen Architektur aufgrund seiner leichten Verarbeitung zu den bevorzugten Materialien zählte und immer noch zählt. Auch heute werden, beispielsweise im Jemen, mehrstöckige Gebäude in traditionell arabischer Bauweise aus Lehm errichtet. Die Gründe für die Verwendung dieses Baustoffes sind ähnlich wie beim Baumaterial Gips: Lehm ist leicht zu verarbeiten, reguliert die Raumtemperatur, als auch die Luftfeuchtigkeit und absorbiert Schadstoffe. Anders als in der genuin arabischen Architektur des Nahen Ostens wurde Lehm aufgrund der guten Versorgung mit Steinmaterial in der maurischen Architektur selten eingesetzt, obwohl es auch hier Berichte über den Einsatz von Lehm an Bauwerken gibt.

3.3 Gewölbeformen

In der arabischen Architektur gibt es eine Vielzahl verschiedener Dach- beziehungsweise Kuppelkonstruktionen. Am meisten werden dafür Stalaktitengewölbe, Kuppeln mit verflochtenen Rippen, Polygonal- oder Sterngewölbe, Muquarnasgewölbe oder auch schlichte Formen wie Tonnengewölbe und Zellengewölbe verwendet. Die bedeutendsten Vertreter islamischer Wölbkunst sind davon aber sicherlich die Muquarnas- und Rippengewölbe. Wie Giese-Vögeli in ihrer Studie bemerkt, ist hierbei interessant, dass sich die ostislamischen Wölbsysteme (z.B. Freitagsmoschee von Isfahan) und

---

[34] Gimpl 2009, 60

die westislamischen Gewölbe (z.B. Große Moschee von Cordoba) trotz chronologischer und geographischer Distanz in ihrer Form recht nahe stehen.[35] Viele der Gewölbe wurden mit Flechtbandornamenten zusätzlich ausgeschmückt, um eine Verbindung zu den ornamentalen Ausgestaltungen der häufig verwendeten Stuckpanele zu schaffen. Somit ergibt sich in Räumen, in denen beide Formen Verwendung fanden, der Eindruck eines homogenen, vom Boden bis zur Decke durchkomponierten Raumgefüges.

3.3.1 Muquarnasgewölbe

Das Muquarnasgewölbe gehört zu den charakteristischen islamischen Gewölbeformen, oder wie Ettinghausen und Grabar schreiben: „The two most important aspects of the western Islamic monuments are the development of the muquarnas and the variety and use of decorative motifs."[36] Aufgrund der komlpexen Beschaffenheit und der dadurch kunstvollen Ausstrahlung fand es speziell in wichtigen Räumen, beispielsweise bei Gebetsnischen, sogenannten Mihrabs, als nobilitierendes Element Verwendung. Charakteristisch für das Muquarnasgewölbe sind die vielfach übereinander gelegten Trompen. „Der Muquarnasdekor kann dabei die unterschiedlichste geometrische Raumaufteilung haben und vielfältige dreidimensionale Dekorformen annehmen. Das Muquarnasgewölbe ist reiner Schmuck, der keine tragende Funktion hat. Eine Untergruppe des Muquarnasgewölbes ist das Stalaktitengewölbe, das den Eindruck von herabhängenden Tropfsteinen hervorruft, da hier Muquarnasformen in sich vom Untergrund lösende, frei herabhängende, zapfenartige Strukturen aus Stuck oder Stein umgebildet sind."[37]

---

[35] vgl. Giese-Vögeli 2007, 11
[36] Ettinghausen und Grabar 1987, 144
[37] Hattstein und Delius 2007, 610

3.3.2 Stalaktitengewölbe

Zu den faszinierendsten und qualitätsvollsten Ausformungen der Muquarnas zählt sicherlich das Stalaktitengewölbe, das meist aus Gips oder Stein geformt wurde und an Tropfsteinhöhlen erinnern.
Laut Stierlin ist das Stalaktiten- oder Muquarnasgewölbe eine persische Erfindung und wurde in der Frühzeit vor allem in Ziegelbauweise errichtet. Neben der Ziegelbauweise gibt es diese Gewölbeform auch in Steinmetztechnik (z.B. Türkei oder Indien). "Die Stalaktiten gehen aus einer Unterteilung der Ecktrompen hervor. Die Waben in Form sphärischer Dreiecke, die auf diese Weise entstehen, überziehen Iwans, Kuppeln oder Bögen und verwandeln sich in vereinfachten Formen zu allgegenwärtigen Dekormotiven. Sie erscheinen auf Kapitellen und in gewölbten Räumen, wo sie in den Ecken der Kuppeln große Pendentifs bilden. In verschiedensten Materialien und unendlich variierten Größen ausgeführt, sind sie ein eindeutiges Stilmerkmal der mittelalterlichen islamischen Kunst."[38]
Eines der Hauptmotive, das sich bei den Stalaktitengewölben immer wieder ergibt, ist das der Sternform, die durch die Anordnungen aus Vielecken erreicht wird. Oft wird aber nur mit einer Überschneidung von zwei Quadraten ein Oktogon generiert, das durch ein antithetisch dazu versetztes zweites Oktogon die Grundform für das Stalaktitengewölbe schafft. Für die Provenienz dieser geometrischen Form wird in der Forschung als communis opinio der Felsendom in Jerusalem, welcher ebenfalls ein Oktogon als Grundform aufweist, angenommen.

3.4 Bogenformen

In arabischen Bauwerken kommen zahlreiche Bogenformen zum Einsatz: der Hufeisenbogen, Spitzbogen, oder auch der Vielpassbogen, beziehungsweise der polylobe Bogen.
Eine architektonische Besonderheit, die an dieser Stelle Erwähnung finden soll, ist der sog. ´Alfiz´. „Als Alfiz bezeichnet man

---

[38] Stierlin 2009, 202

die eckige Umrahmung eines Bogenfeldes bei Türen oder Fenstern, das meist durch ein rechteckiges Band aus Yeserias, oder durch ein Band das mit kalligraphischen Schriftzeichen versehen ist, gebildet wird. Obwohl der Einsatz von Alfizes in der gesamtislamischen Architektur vorkommt, so ist dieses Dekorelement primärer charakteristischer Ausdruck mudejarer Baukunst."[39]

3.4.1 Der Hufeisenbogen

Ein weiteres Charakteristikum maurischer Architektur ist der Hufeisenbogen, der bereits im Vorderasien des 4. Jahrhunderts zum Einsatz kam, bevor er auch im Spanien des 9. Jahrhunderts Verwendung fand. Über die Provenienz dieser Bogenform ist man bis heute nicht eindeutig im Klaren, da bereits die Westgoten solche Bogenformen einsetzten, diese aber auch von den Arabern selbst aus dem vorderen Asien, speziell Irak und Syrien, mitgebracht wurden.[40] Da diese Bogenform bereits auf der iberischen Halbinsel Verwendung fand, bevor die islamischen Eroberer dort eintrafen, würde es sich somit um eine Übernahme, eine „andalusische Besonderheit" (Gimpl) dieser Architekturform aus der westgotischen Baukunst handeln.
Diese These bestätigt Barrucand, wenn sie schreibt: „Sie waren im vorumayyadischen Vorderen Orient zwar ungewöhnlich, aber nicht unbekannt; in der umayyadischen Moschee von Damaskus tauchen sie sehr diskret auf, durchaus häufig hingegen in der westgotischen Architektur Spaniens. Obwohl ihre germanische Form lange nicht so ausgefeilt ist wie die arabische – sie ist flacher und weniger eingezogen -, so kann man doch behaupten, daß hier lokales Formengut weiterverarbeitet wurde, anstatt einen syrischen Import anzunehmen."[41] Stierlin weist auf eine wesentlich frühere Verwendung des Hufeisenbogens hin, nämlich bereits bei Grabstelen der römischen Kaiserzeit aus dem 2. und 3. Jahrhundert. Abschließend kann man also festhalten, dass der Hufeisenbogen nicht von den

---

[39] Barrucand 2007, 228
[40] vgl. Brentjes 1992, 189. Ebenso: Nervi 1976, 77
[41] Barrucand 2007, 43

Arabern mitgebracht wurde, durchaus aber in solch einer Intensität bei deren Bauwerken zum Einsatz kam, dass er zu einem der Hauptmerkmale arabischer Architektur werden konnte.

3.4.2 Polylobbogen

Eine weitere, für die iberische Halbinsel charakteristische Bogenform ist jene des Polylobbogens. Zu dieser architektonischen Besonderheit schreibt Keller in ihrer Untersuchung der Transkulturation polylober Bogenformen: „Der polylobe Bogen schmückt seit dem 4. Jahrhundert Bauwerke der islamischen Architektur und tritt in der romanischen Architektur Spaniens und Frankreichs in Erscheinung. […] In drei Machtzentren Nordspaniens wird auf islamische Bauformen zurückgegriffen. In Burgos wurde im Kloster Las Huelgas eine Kapelle in almohadischer Formensprache errichtet. In San Isidoro in Leon, wie auch in Santiago de Compostela gehören polylobe Bögen zum dekorativen Vokabular."[42] Als Referenzbau arabischer Bauwerke gilt die Große Moschee von Cordoba, die den Polylobbogen an zahlreichen Gebäudetrakten aufweist: am östlichen Seitenportal, der Capilla de la Villaviciosa vor dem Mihrab, oder unmittelbar an der Mihrabfassade. Rezeptionen dieses Formenvokabulars finden sich in Folge in der Aljaferia von Zaragoza, bis hin zum Patio del Yeso im Alcazar von Sevilla.

3.4.3 Arkaden

Ein in der maurischen Architektur beliebtes Motiv ist jenes der Arkade. Gebildet werden die Arkaden meist durch vielpassförmige Bogen, die auf Säulen ruhen. Solche Arkaden wurden meist in den Patios, den Innenhöfen, der Paläste eingesetzt, um einen beschatteten Gang um den Gartenhof herum zu erhalten. Während die Säulen dabei ihren statischen Funktionen folgen, zergliedert sich die obere Wandzone oft in Ornamentformen, die durch Gipsarbeiten

---

[42] Keller 2010

gebildet werden. Somit fehlt der Zone über den Säulen jegliche statische Schwere und das Gesamtgefüge erscheint statt lastend leicht und dekorativ.

3.5 Baudekor

Durch den Koran ist der islamischen Kunst ein Darstellen sakraler figürlicher Motive weitgehend untersagt, was die Künstler allerdings nicht davon abhalten konnte, sich einen anderen Weg zur Ausgestaltung der Wände oder Decken zu suchen. „Die weltanschaulichen Konzeptionen der Bauherren und ihrer Architekten waren vom Islam vorgegeben, dessen verschiedene Auslegungen freilich unterschiedliche Formen der Kunst am und im Bau hervorbrachten. Gemeinsam ist ihnen allen die Scheu, Lebewesen, vor allem Menschen, an oder in der Moschee darzustellen, obwohl es gegenteilige Beispiele gibt und der Koran kein direktes Bildverbot enthält."[43]
Allerdings, und dies scheint eine der wichtigsten Begebenheiten zu sein, ist wohl die Vorliebe für das Ornament, die ornamentale Ausgestaltung nahezu aller Bauteile, nicht allein im ´Bilderverbot´ des Korans zu suchen. Es dürfte sich vielmehr um eine der islamischen Baukunst inhärente Eigenschaft handeln, dass man das Ornament wie einen Schleier über die zu bearbeitenden Elemente legt. Dies wurde lange Zeit von europäischer Seite als rein flache, vielleicht sogar schlichte Kunst abgetan. Allerdings zu unrecht. Die islamische Ornamentkunst nimmt sehr wohl Bezug auf die ´dahinterliegenden´ Bauteile. Zur Veranschaulichung dieser Problematik sei ein kurzes Beispiel genannt: Während in der europäischen Kunst beispielsweise der Schlussstein bei einer Bogenwölbung sichtbar bleibt, es also darum geht, die Konstruktion von Stütze und Last zu zeigen, wird in der islamischen Kunst dieses Element

---

[43] Brentjes 1992, 180

durch Stuckpaneele mit Arabesken und Ornamenten ´verunklärt´, was die bereits genannte Leichtigkeit der Bausubstanz zur Folge hat. Dies bedeutet aber keineswegs, dass auf die Architektur nicht eingegangen wird: sie wird eben nur nicht deutlich zur Schau gestellt. Die ornamentale Ausgestaltung von Wänden und Decken kann auf die verschiedensten Arten geschehen: durch Fliesen (Azulejos), Stuckpaneele, Holzarbeiten, oder Mosaike. Auffallend ist dabei die ständige Wiederholung eines geometrischen Grundmotivs, das durch Vervielfältigung wiederum weitere Muster generiert. Es hat den Anschein, als ließen sich diese Muster nach allen Seiten hin beliebig weit fortsetzen. Dennoch werden diese anscheinend ins Unendliche verlaufenden Muster äußerst präzise eingesetzt und nehmen deutlich Bezug auf das jeweilige Architekturelement, das es auszuschmücken gilt.

3.5.1 Azulejos

Eine der beliebtesten Dekormethoden islamischer Baukunst ist das Verkleiden der Innen- und Außenwände mit farbig glasierten Fliesen, den sog. ´Azulejos´. Während in den islamischen Regionen des Ostens geometrische und ornamental-florale Motive vorherrschen, bevorzugte man in den westislamischen Ländern hauptsächlich geometrische Motive. Ein weiterer Unterschied zwischen ostislamischer und westislamischer Azulejosdekoration besteht in der zu verkleidenden Fläche, die sich im Osten auf die gesamte Wand erstreckt, im Westen dagegen auf die Sockelzone der Wand reduziert bleibt. Dies hauptsächlich aus einer praktischen Überlegung heraus: Fliesen sind leicht zu reinigen und daher ideal, um als schmuckvolles Schutzelement der unteren Wandzone eingesetzt zu werden. Dazu Gimpl: „Der Name leitet sich nicht von azul, der Farbe Blau, ab, sondern bezieht sich auf den flachen, polierten Stein. Die typische Farbgebung ist ockergelb, kobaltblau, weiß und grün. Mit einer Brechzange, alicates, zerstückelt man die Fliesen, setzt sie wie Mosaike in geometrischen Motiven zusammen und appliziert sie dann an die Wand."[44] Bei den Azulejos herrscht meist eine polychrome Grundstruktur vor, Farbkompartimente, welche die Grundfläche gliedern. Über diese farbige Grundstruktur wird ein netzähnliches Schlingenmuster gelegt, das die Stern- oder Floralmuster herausbildet. Diese Muster laufen ineinander, bilden Sternmotive, Vielecke, Rauten oder andere geometrische Figuren, vernetzen und trennen gleichzeitig. Je nach Nähe des Rezipienten zur Wand ergibt sich eine homogene Fläche, oder kleinere Einzelfiguren. „Glasierte Fliesen (Fayencen), die zu figürlichen Darstellungen zusammengefügt wurden, waren bereits in der assyrischen, babylonischen und achämenidischen Architektur bekannt; die Verwendung von Wandfliesen begann in der islamischen Kunst aber erst im 9. Jahrhundert, da die umaiyadischen Baumeister der Vorliebe der Byzantiner für farbige Glasmosaiken zur Ausschmückung von Wandflächen verpflichtet blieben. […] Seinen Höhepunkt in der westislamischen Welt erreichte der Einsatz von Fayencemosaiken unter den Meriniden in Marokko (1196-1549) und den Nasriden in Südspanien (1230-1492)."[45]

3.5.2 Yeserias

Dem westislamisch-maurischen Kanon nach, folgen auf die Sockelzone Gipspaneele, sog. ´Yeserías´, die durch die oben genannte Wiederholung eines geometrischen Grundmotivs charakterisiert werden. In dieser Wandzone werden häufig Bögen oder Türen durch diese filigran wirkenden Ornamentstreifen und Ornamentbändchen von der restlichen Wanddekoration hervorgehoben, womit man auf die dahinterliegende Bausubstanz Bezug nimmt. Allerdings können neben, beziehungsweise statt den geometrischen Mustern, auch stilisiert pflanzliche Muster, sogenannten Atauriques, vorkommen. Durch die unendliche Wiederholung eines Grundmusters wird eine „Einheit in der Vervielfältigung" (Gimpl) erreicht. „Kein Motiv dominiert, aber jedes für sich bewahrt seine Identität.

---

[44] Gimpl 2009, 59
[45] Hattstein und Delius 2007, 448

Die geometrischen Motive, wie zu Sternen geformte Bänder oder Zickzackmuster, stehen für die Unteilbarkeit Gottes."[46]

Diese Zone der Wand wird, speziell in Moscheen, oftmals durch ein ornamentales kalligraphiertes Schriftband, in dem man durch Suren aus dem Koran Gott lobt, bekrönt. Als abschließendes Raumelement kann nun die Decke entweder durch Stalaktiten ausgeformt, oder aber in Form einer Artesonado-Holzdecke gestaltet sein. Auch hier herrscht wieder das Prinzip der Wiederholbarkeit von Formen vor. Ob bei Stalaktiten oder Artesonado Decken, je nach Blickwinkel ergibt sich für den Rezipienten entweder eine Gesamterscheinung oder eine in sich abgeschlossene Form an der Decke. Diese Gestaltungsprinzipien sind fundamental für die arabische Architektur. Das Charakteristikum von Bauten wie der Giralda, dem Alcazar von Sevilla, der Mezquita in Cordoba, oder der Alhambra in Granada, findet sich bei all diesen Bauten maurischer Architektur in der eben genannten Verwendung des Baudekors.

3.6 Islamische Garten- und Wasserkunst

Der Garten steht im Islam stellvertretend für das Paradies, den Paradiesgarten, quasi als irdisches Abbild göttlich vollkommener Schöpfung. Dieser Gedanke findet sich auch im Koran wieder: *„Und wer an Allah glaubt und das Rechte tut, den führt er ein in Gärten, durcheilt von Bächen, ewig darinnen zu verweilen für immerdar. Eine schöne Versorgung hat er für ihn bestimmt."* (Koran, 65. Sure, 11)

Als Pendant sei dazu die Erwähnung und Beschreibung des Paradiesgartens im Buche Genesis genannt: *„Dann legte Gott, der Herr, in Eden, im Osten, einen Garten an und setzte dorthin den Menschen, den er geformt hatte. Gott der Herr, ließ aus dem Ackerboden allerlei Bäume wachsen, verlockend anzusehen und mit köstlichen Früchten, in der Mitte des Gartens aber den Baum des Lebens und den Baum der Erkenntnis von Gut und Böse. Ein Strom entspringt in Eden, der den Garten bewässert; dort teilt er sich und wird zu vier Hauptflüssen."* (Genesis, 2,8-2,10)

---

[46] Gimpl 2009, 58-59

Über die Vorbilder islamischer Gärten schreibt Gothein: „Um Plan und Ordnung in die farbige Fülle zu bringen, die so wenig durch Bilder anschaulich gemacht werden kann, muß man sich doch an die Vorbilder früherer Entwicklung halten, an ägyptische Gartenbilder, die uns die regelmäßigen Palmenalleen, von Bassins und Pavillons unterbrochen, überliefern, an die Pliniusvillen mit ihrem Xystus, mit Figuren und Blumeninschriftbeeten und den Reihen der Zwergbäume, an persische mit Tieren belebte Parks, mit ihren kleinen Gartenpavillons, die sich im Wasser spiegeln, an byzantinische Wasserkunstgebilde, an pompejanische Hofgärten, aus allen diesen ist der arabische Garten herausgewachsen und auf alle diese wirft er rückwärts manch klärendes Licht."[47]

Wichtig erscheint die Beobachtung, dass es sich bei den islamischen Gärten um geometrisch angelegte Gebilde handelt, die durch Wasserleitungen und Blumenbeete ihre geometrische Unterteilung erfahren. Einen guten Eindruck vermittelt eine Miniaturmalerei aus dem 16. Jahrhundert. Auffallend an der arabischen Gartenarchitektur ist der geschlossene Charakter derselben. Bereits im Hohelied König Salomons im Alten Testament heißt es: *„Ein verschlossener Garten ist meine Schwester Braut, ein verschlossener Garten, ein versiegter Quell. Ein Lustgarten sproßt aus dir, Granatbäume mit köstlichen Früchten, Hennadolden, Nardenblüten, Narde, Krokus[...]"* Hoheslied, 4,12-13). In der islamischen Gartenkunst gibt es wenig offene Gärten, die sich integrativ in die umgebende Landschaft einfügen; viel mehr herrschen hier in sich geschlossene Innenhöfe (Patios) vor, die in einem intim abgeschotteten Areal (hortus conclusus) ihre volle Pracht entfalten. Diese Innenhöfe werden durch die umgebenden Gebäude, oder Mauern gebildet, lediglich bei höher gelegenen Palästen findet sich oftmals eine Terrassierung, die einen Ausblick in die Palastperipherie zulässt. Doch auch hier, wie man beispielsweise anhand des Generalifes der Alhambra sehen kann, ist eine erhöhte Topographie kein Garant für eine offene Architektur, was durchaus fortifikatorischen Gründen geschuldet ist.

[47] Gothein 1997, 157

Somit ergibt sich eine Einheit von Garten und Palast, was zu einem der wichtigsten Charakteristika islamischer Palast- und Gartenarchitektur gehört: dass eben jedes Architekturglied, also Garten beziehungsweise Palast, das andere unbedingt voraussetzt und in direkter Abhängigkeit zum anderen steht. Da keinem anderen Element als dem des Wassers in arabischen Bauten eine so zentrale Bedeutung zukommt, scheint es sinnvoll auf dieses Phänomen einzugehen. Das Wasser wird nicht nur als Gestaltungsmittel verwendet, sondern bekommt in der arabischen Architektur durchaus sakrale Bedeutung zugesprochen. Auch im Koran finden sich unter der 6. Sure Zeilen, die auf den Quell allen Wassers, auf Allah, verweisen:

„Er ist es, der von den Wolken am Himmel Wasser herabsendet, wodurch er Pflanzen aller Art sprießen lässt. Wir lassen grüne Pflanzen hervorkommen, die aneinandergereihte Körner ausbilden, und aus dem Blütenstand der Dattelpalme entstehen leicht erreichbare Dattelbüschel. Auch lassen wir Gärten mit Reben, Oliven- und Granatapfelbäumen entstehen, die sich teils ähneln, teils voneinander unterscheiden. Betrachtet die Früchte, wenn sie sich bilden, und betrachtet sie, wenn sie reifen! In all dem liegen Beweiszeichen Gottes für Menschen, die wirklich glauben." (Koran, 6. Sure , 99)

In der Forschung wird immer wieder die Tatsache genannt, dass die Araber ein Volk aus der Wüste seien, also aus geographischen Gebieten kommen, wo Wasser selten und kostbar ist, und somit durchaus als Luxus angesehen werden darf. Dieser Luxus erfährt eine besondere Ausformung, wenn das Wasser scheinbar verschwenderisch in Innenräumen und Gärten zur Belebung derselben eingesetzt wird. In den maurischen Palästen standen in den Wandnischen nahe dem Eingang Schalen mit kühlem Trinkwasser, das den Besuchern als Geste arabischer Gastfreundschaft gereicht wurde. Wie oben erwähnt, wurde das Wasser nicht nur als Nahrungsmittel, sondern auch als Gestaltungsmittel für die Räume verwendet. Hier sprudelte beispielsweise mittig im Raum in einer großen Schale Wasser hervor, das sich dann quer durch den Raum in einer Rinne in den Patio ergoss, wie man es exemplarisch im Gerechtigkeitssaal und dem Patio del

Yeso des Alcázars von Sevilla sehen kann. (vgl. Kap. 4.5.2) Dort füllte es das zentrale Becken desselben, um dann wiederum in einen weiteren Hof zu fließen. Solche Spielereien galten den Besuchern maurischer Paläste als höchst bemerkenswerte Schauspiele; so berichtet beispielsweise der Venezianer Navagero von einem Besuch des Generalife in Granada 1526: „Es hat mehrere Patios, alle reichlich mit Wasser versehen, vornehmlich aber einen, mit einem fließenden Kanal in der Mitte und voll herrlicher Orangen und Myrten. (…) Das Wasser fließt durch den Ganzen Palast, und wenn man will, auch durch die Zimmer, deren einige sich zu einem köstlichen Sommeraufenthalte eignen. (…) Inmitten dieses Hofes ist eine herrliche Fontäne mit einer sehr großen Schale, das Rohr in der Mitte wirft Strahlen mehr als zehn Klafter in die Höhe, die Wasserfülle ist erstaunlich." Auch berichtet er von einer Treppe, „die so gebaut ist, dass auf einige Stufen immer wieder eine breite folgt, welche in ihrer Mitte eine Vertiefung hat, in der sich das Wasser ansammeln kann. (…) Auf der Höhe aber sind für jede dieser Abteilungen Schrauben, so dass man nach Belieben das Wasser in die Rinnen der Geländer, in die Höhlungen der breiten Stufen oder in beide zugleich leiten kann."[48]

Überzeugend wirkt die communis opinio, dass die Araber auf römische, beziehungsweise westgotische Vorbilder, in Bezug auf den Einsatz des Wassers zurückgreifen konnten. Römische Ingenieurstechnik war in weiten Teilen Spaniens immer noch vorhanden. Man nahm wohl einen Teil dieser technischen Errungenschaften auf, bezog sie in eigenes Wissen ein und schuf somit die charakteristische arabische Wasserkunst, die noch heute in den Räumen und Gärten des Real Alcazar von Sevilla oder der Alhambra in Granada bewundert werden kann. Der Einsatz des Wassers in den Gärten und die durch das Wasser bewirkte Transzendenz nimmt bewusst auf die metaphysische Präsenz Gottes und die Herrlichkeit Gottes Bezug. In diesem Sinn kann der Einsatz des Wassers in den arabischen Bauten primär gesehen werden, erst sekundär als Repräsentationsgedanke am Bauwerk.

---

[48] Gothein 1997, 163-164

4. Der Real Alcázar von Sevilla

4.1 Maurische Architektur und Kultur des Real Alcázar

Wie im vorigen Kapitel deutlich geworden ist, spiegelt die Architektur und mit ihr zusammenhängend der Baudekor einen Großteil arabischer Kultur wieder. Mit der Betrachtung des Real Alcázar von Sevilla soll nun diese gegenseitige Einflussnahme von Kultur und Architektur anhand eines Bauwerkes eine tiefere wissenschaftliche Beschäftigung erfahren. Es soll dabei zunächst auf die Geschichte des Bauwerks als Ganzes eingegangen werden, bevor die Räume und Patios im Einzelnen untersucht werden. Der Real Alcázar bietet durch seine abwechslungsreiche Geschichte, die Bestandteil zahlreicher kunstgeschichtlicher Epochen wurde, durch die unterschiedlichen Herrscher die diesen bewohnten und ausbauten, und durch seine einzigartige architektonische Ausgestaltung ein reiches Betätigungsfeld für eine kunst- und kulturhistorische Analyse.
Wie bereits im Kapitel zur Intention der Arbeit (Kap. 1) erwähnt, soll dieser einzigartige Gebäudekomplex als pars pro toto für all die hervorragenden Bauten maurischer Architektur in Andalusien dienen. Dies beruht u.a. auf der Tatsache, dass zahlreiche Handwerker aus ganz Andalusien an den Gebäudekomplexen des Alcázars beteiligt waren, wodurch es zu einem reichhaltigen Konglomerat maurischen Formengutes kam. Allein am Palast von Peter I., erbaut ab 1364 im Zentrum des Alcázars, lässt sich diese Tendenz beispielhaft ablesen. Peter I. wurden aus dem von Muhammad V. regierten Granada als Dank für seine Unterstützung bei der Thronbesteigung und der gegenseitig erbrachten Freundschaftsdienste Baumeister zugesandt, um an den Bauarbeiten des Palastes von Peter I. mitzuwirken. Dies ist auch der Grund, weshalb - trotz der geographischen Distanz der beiden Bauwerke - eine enge Verbindung der verwendeten Formen und des Baudekors vorherrscht.
Beinahe seit Anbeginn der islamischen Expansion auf der hispanischen Halbinsel existent, liefert der Real Alcázar einen bedeutenden Beitrag zur Geschichte Andalusiens. Die Frage,

inwieweit man umgekehrt von diesem Einzelbauwerk auf die Geschichte Andalusiens und die maurische Kultur blicken kann, soll in diesem Teil der Arbeit geklärt werden. Die Frage, ob man von einer ´steingewordenen Manifestation maurischer Kultur´ sprechen kann, steht dabei im Zentrum vorliegender Abhandlung. Zusammenfassend kann man bereits mit den Worten Karges vorwegnehmen: „Es handelt sich nicht um Mudéjar-Kunst im Sinne eines Zusammenfließens von islamischer und christlicher Bautradition, sondern eher um die Adaption eines fremden Architekturmodells, das für eine höfische Lebensform von höchstem Raffinement stand. Die Übernahme der Hof- und Innenraumstrukturen aus der nasridischen Architektur ließ aber durchaus selbstständige künstlerische Lösungen im Einzelnen zu."[49]

4.2 Der Real Alcazar - Entstehung und arabische Herrschaft

Die frühesten erhaltenen Bausubstanzen des Alcázars gehen auf die Jahre 913/914 zurück, also in die Zeit, in der die arabische Expansion auf der iberischen Halbinsel noch in vollem Gange war. Es sei an die Eroberungen Nordspaniens erinnert, speziell der Plünderung Santiago de Compostelas im Jahre 977. Zahlreiche moslemische, als auch christliche Herrscher hinterließen durch Zu- oder Umbauten ihren „architektonischen Fußabdruck" am Palast. Ein Blick auf die Bewohner und Besucher des Alcázars liefert einen Einblick in die Wichtigkeit dieses Bauensembles für die Stadt Sevilla: „Hier weilten königliche Persönlichkeiten, wie Al-Mutadid und sein Sohn Al-Mutamid, Ferdinand III. der Heilige, Alfons X. der Weise, Peter I. der Grausame und Isabella, die Katholische Königin, Kaiser Karl V., der hier seine Vermählung mit der Infantin Isabella von Portugal feierte, und ihr Sohn Philipp II. der Umsichtige; Habsburger und Bourbonen, Intellektuelle und Politiker, wie Ibn Handis der Sizilianer, Boscán und Garcilaso, Navagiero und Baldassare Castiglione, Pablo de Olavide o Bruna, und Entdecker neuer Welten und Seewege, wie Christoph

---

[49] Karge 2007, 156

Kolumbus oder Magellan, eine unendliche Reihe geschichtlicher Figuren, die diesen einzigartigen Palast umso interessanter werden lassen."[50] Die frühesten bekannten Siedlungsspuren finden sich aber weit früher, nämlich in der Zeit der römischen Besiedlung der Provinz Hispania, als die Stadt Sevilla noch den Namen Hispalis trug. An der Via Augusta, einer der römischen Hauptstraßen der Provinz Hispania, und dem damals noch wesentlich leichter zu befahrenden Fluss Guadalquivir, lag die Stadt strategisch wie wirtschaftlich günstig. Für den Baukern der königlichen Palastbauten wird aber erst die Zeit der Spätantike, respektive des frühen Christentums interessant. Zu dieser Zeit, erbaute man im Jahre 426 die Basilika des Heiligen Vinzenz, in der später auch Isidor von Sevilla, der allgemein als der letzte große Geist des Altertums angesehen wird, lehrte.

Unter Abd ar Rahman III. wurde knapp 500 Jahre nach Errichtung der Kirche an derselben Stelle das Haus des Statthalters von Sevilla (genannt ´Dar al-Imara´) erbaut. Laut Fidalgo handelte es sich dabei um ein Gebäude das einer kleinen Festung glich und von einem syrischen Architekten namens Abdallah ben Sinan errichtet wurde.

Der heute noch erhaltene Fahnenhof, Patio de Banderas genannt, gibt im Großen und Ganzen die Lage des ehemaligen Dar al-Imara wieder. Sevilla war zu dieser Zeit, also im 10. Jahrhundert, dem Kalifat von Cordoba untergeordnet und wurde somit zum Verwaltungszentrum für die Stadt. Durch diesen Zuwachs an Bedeutung expandierte die Stadt und breitete sich auch in Richtung des Alcázars aus, der damals noch außerhalb des eigentlichen Stadtzentrums lag. Auf die Zeit des Kalifats folgte schließlich die Epoche der Taifa Reiche, was auch an Sevilla nicht spurlos vorüberging. Nun, da die Stadt zu einer der wichtigsten in al Andalus herangewachsen war, bekam sie mit ihrer Unabhängigkeit von Cordoba die Chance, zu großer kultureller Blüte emporzusteigen. Diese Unabhängigkeit von Cordoba erlangte die Stadt 1030, um kurz darauf zu einer der zahlreichen Taifahauptstädte zu werden. Dies geschah unter dem Abbadiden-Herrscher

---

[50] Fidalgo 1998, 8

Al-Mutadid, dessen Sohn wiederum, Al-Mutamid, dem königlichen Hof von Sevilla eine reiche kulturelle Blüte in Bezug auf Literatur bescheren sollte. Nach den Phasen des Kalifats und der Taifa-Reiche folgte die Eroberung Andalusiens durch den Stamm der Almoraviden, wodurch der Alcazar zum Teil schwer beschädigt wurde. Nach dieser Zäsur erlangte jedoch nicht nur der königliche Palast, sondern ganz Sevilla einen Aufschwung, der sich auch in den damals errichteten Bauwerken wiederspiegeln sollte. Diese Bauwerke sind es, die auch heute noch die architektonischen Wahrzeichen der Stadt ausmachen: der Torre del Oro (Goldturm), ein am Guadalqivir erbauter Turm, der zur Verteidigung der Stadt, als auch zur Kontrolle der Flussschifffahrt diente. Dieser war einst durch die Verteidigungsmauer mit dem Alcazar verbunden. Als weitere Höhepunkte almohadischer Baukunst wären an dieser Stelle die Große Moschee von Sevilla und das dazugehörige Minarett, die sogenannte Giralda, zu nennen. Unter Herrschaft der Almoraviden und Almohaden wurde im Gebiet des heutigen Alcázars ein Palast erbaut, der als offizielle Residenz der Almohadenherrschaft fungierte. Ein Fragment dieses almohadischen Palastes, das die Zeiten unversehrt überstanden hat, ist der Gipshof (Patio del Yeso) im nordöstlichen Bereich des Alcazars.
Hier zeigt sich Baudekor, der im direkten Vergleich mit nasridischen Schmuckelementen gesehen werden kann. Über erhaltene Relikte almohadischer Bauten schreibt Barrucand: „Von den almohadischen Palästen Andalusiens sind nur in Sevilla noch Reste vorhanden, die es jedoch nicht erlauben, deren Gesamtanlage zu rekonstruieren. Innerhalb des heutigen Alcázars gibt es sicher zahllose Cuartos und Patios, die auf die almohadische Anlage zurückgehen; aber diese ist so oft zerstört, wiederaufgebaut und umgebaut worden, daß die Datierung der einzelnen Elemente erschwert ist."[51] Von diesen letzten großen Ausbauten des Alcázars unter arabischer Herrschaft, bis zur Zeit der christlichen Eroberung lag nur noch ein knappes Jahrhundert.

---

[51] Barrucand 2007, 162

4.3 Der Real Alcázar unter den katholischen Königen

Der Beginn der christlichen Herrschaft über Sevilla, und somit über die königlichen Palastbauten des Alcázars, kann mit dem Jahr 1248 exakt datiert werden, da in diesem Jahr die Einnahme der Stadt durch den König von Kastilien, Ferdinand III., der Heilige, erfolgte. Ferdinand III. wählte den Palast, wohl auch aufgrund der architektonischen Schönheit maurischer Kunst, als Zentrum für die Verwaltung Südspaniens.

Prägend für die Bausubstanz der Palastbauten wurde jedoch dessen Sohn, Alfons X., der Weise, der, nachdem er Sevilla zur Hauptstadt des Königreiches erklärt hatte, Mitte des 13. Jahrhunderts einen Palastkomplex im nordisch-gotischen Stil erbauen ließ. Dieser Neubau wurde auf den Überresten des almohadischen Komplexes erbaut und erhielt den Namen ´Cuarto del Caracol´, was soviel wie ´Schneckenhausrechteck´, oder ´Schneckenhausgemächer´ bedeutet.

Dieses Gebäude ist stilistisch von höchster Wichtigkeit, da sich hier die Zusammensetzung christlicher und maurischer Elemente zur typisch sevillanischer Mudejarkunst ausformt. „Sowohl in Cordoba, als auch in Sevilla, wird eine Art zisterziensischer Version der Architektur aus dem Norden eingebürgert [...] Die Nüchternheit und der Verzicht auf Dekor in der zisterziensischen Architektur folgte der vom Heiligen Bernhard gepredigten Askese. Auf dieselbe Weise war die almohadische Kunst ein Kind der strengen Diatriben Ibn Tumarts gegen die dekorativen Exzesse der Almoravidenmoscheen die Symbiose aus gemäßigtem Zisterzienser- und kargem Almohadenstil sollte zur Grundlage des sevillanischen Mudejar werden, der sich vom toledanischen Mudejar inspirieren ließ und der duftigen Architektur der Nasriden in Granada folgte[...]."[52] Der Palastbau Alfons X. kann zudem als Ausdruck des Siegesempfinden christlicher Herrschaft über die Mauren und somit über den Islam gesehen werden. Den nächsten wichtigen Schritt im Heranwachsen des Real Alcázars bildete ein Komplex, der bereits zur Gänze im „neuen" Mudejarstil erbaut wurde, nämlich die Sala de Justicia, der Gerechtigkeitssaal, von Alfons XI.,

---

[52] Ferrero 1999, 77

aus dem Jahr 1340. Dies geschah unmittelbar auf die Schlacht von Salado, in der sich die Mauren des Nasridenkönigreichs Granada und mit ihnen die Meriniden und auf der anderen Seite ein christliches Herr aus Katalanen und Portugiesen gegenüberstanden. In dieser wichtigen Schlacht ging es um die Meerenge von Gibraltar, welche im Interesse beider am Kampfe beteiligter Parteien lag. Nach dem siegreichen Ausgang der Schlacht für die Christen, ließ Alfons XI. den Gerechtigkeitssaal erbauen. Wichtig ist dabei, dass von ihm der Mudejarstil zur Verwendung gebracht wurde, eine Tendenz, die sein Sohn, Peter I. der Grausame, fortsetzen sollte. Der Gerechtigkeitssaal, der dem bereits genannten Gipshof vorgelagert wurde, befindet sich im nordöstlichen Bereich des Alcázars und wird über den Löwenhof (Patio del León) erschlossen. Er folgt einer nahezu quadratischen Anordnung (10x12m) und besitzt an drei von vier Seiten Ausgänge. Die Wände werden hier bereits mit Yeserias überzogen, ein Dekorschema, das später beim Palastbau Peters I. in so gut wie jedem Raum Verwendung finden wird. Die Artesonado Holzdecke ist in typisch arabisch-maurischer Weise gefertigt. Wie bereits in Kapitel 3.6 erwähnt, befindet sich mittig im Raum eine Brunnenschale, aus der Wasser über eine im Boden eingelassene Rinne in den benachbarten Gipshof fließt. Treffend formuliert Ferrero den Einsatz dieses Elements: „Auf diese Weise hielt unverkennbar der Mudejar in den Alcazar Einzug."[53] Ausgerechnet im Gerechtigkeitssaal wurde dessen Baumeister, Meister Fadrique, auf Befehl von Peter I. ermordet. Dieser Herrscher war es auch, der die Mudejarbauweise im Alcazar fortführte. Zeugnis davon gibt der für seine kunstfertige Ausführung bekannte Palacio Don Pedro, der Palast von Peter I., im Zentrum der königlichen Palastbauten. Erbaut in den Jahren zwischen 1364-1366, zeugt der Palast in Bezug auf seinen Dekor von nasridischer Handwerkskunst. Man findet an den Wandornamenten und dem Deckendekor das gleiche Formenvokabular wie bei der Alhambra in Granada. Dies ist durch die Tatsache bedingt, dass am Palast von Peter I. Bauleute aus Granada eine wesentliche Rolle spielten. Diese Handwerker wurden von Muhammad V. von Granada

---

[53] Ferrero 1999, 78

für den Bau in Sevilla zur Verfügung gestellt. In der Forschung wird dazu die Meinung vertreten, dass Peter I. den Glanz und die Pracht der Bauten Granadas an den sevillanischen Hof holen wollte. Diese Meinung kann als gesichert angesehen werden, da man weiß, dass Peter I. und Muhammad V. eng miteinander verbündet waren. Neben Bauleuten aus Granada waren aber sicherlich noch einheimische Handwerker aus Sevilla, als auch aus Toledo, an den Bauarbeiten beteiligt. „Daher finden wir in dieser sevillanischen Königsresidenz Muster, Arrangements, Formen und Linien, die uns in das Granada der Nasriden versetzen, aber auch in die Kalifenstadt Cordoba, in das jüdisch-maurische Toledo und in das almohadische Sevilla. Das heißt, hier wurde das Beste aus dem spanischen Islam und der arabisch-andalusischen oder allgemein der orientalischen Architektur, mit einzelnen Elementen aus der christlich-mittelalterlichen Baukunst, vereint."[54] Der aus diesen genannten Teilen bestehende Palastkern blieb lange Zeit unverändert, wurde jedoch später in der Zeit der Habsburger aufgestockt. Durch dieses geschaffene Obergeschoß hatte man die Möglichkeit, im Winter in den wärmeren Räumen des Obergeschosses zu verweilen, wohingegen man im Sommer die kühleren Räumlichkeiten des Untergeschosses nutzte. Unter der Herrschaft der Habsburger wurde auch der großzügige Garten ausgebaut. Somit erhielt der Alcazar seine heutige Form im 16. und 17. Jahrhundert, die lediglich durch größere Schäden nach dem verheerenden Erdbeben von Lissabon 1755 wiederhergestellt werden musste.
Heute stehen die königlichen Palastbauten der Öffentlichkeit zur Besichtigung offen, allerdings nur dann, wenn nicht gerade die königliche Familie bei einem Stadtbesuch im Alcázar residiert. Die oberen Geschosse der Anlage befinden sich nämlich auch heute noch im Besitz des spanischen Königshauses. Während verschiedene Veranstaltungen in den Räumen, oder den weitläufigen Gärten des Alcázars ausgetragen werden, steht der Palast auch hohem Staatsbesuch als Unterkunft zur Verfügung. Die Wichtigkeit dieser einzigartigen Anlage des Alcázars in Bezug auf den künstlerischen

---

[54] Fidalgo 1998, 14

Formenreichtum und die architektonischen Ausprägungen zahlreicher Epochen wurde auch von der UNESCO erkannt, die den Alcázar 1987 zum Weltkulturerbe erklärte.

4.4 Die Baukomplexe des Real Alcazar

In diesem Kapitel soll nun der Versuch unternommen werden, die einzelnen Baukomplexe des Mudejar-Palastes von Peter I. einer genauen kunsthistorischen Analyse zu unterziehen. Die übrigen Baukomplexe des Real Alcázars, wie der sogenannte Gotische Palast, spätere Umbauten, wie jene aus der Renaissance, oder auch die Gartenanlage, müssen, aufgrund der Themenwahl der vorliegenden Arbeit, unberücksichtigt bleiben. Die Kunst der maurischen Handwerker, die Mudejarkunst, und somit der Mudejarpalast von Peter I., bilden schließlich das zentrale Thema der vorliegenden Arbeit.
Der Palacio del Rey Don Pedro, wie der Palastbau von Peter I. auch genannt wird, liegt im Herzen der königlichen Palastbauten. Ausgehend von den ihm vorgelagerten Gebäudetrakten arabischer Baukunst, soll ein Auseinandersetzen mit dem Formenreichtum von Architekturelementen und Ornamentstrukturen an der Bausubstanz des Palastes den Fokus der Untersuchung bilden. Dies bedeutet selbstverständlich auf die Provenienz der Architekturformen und Dekorstile einzugehen, wobei ein Augenmerk auf dem Vergleich zu anderen Bauwerken Andalusiens liegen soll. Um den Rahmen des Kapitels zu begrenzen, wird ein Vergleich des Architektur- und Formenvokabulars im anschließenden Kapitel (Kapitel 5) ausführlich zur Geltung kommen. Erwähnt werden muss an dieser Stelle jedoch noch die architektonische Besonderheit arabischer Paläste, die aufgrund ihrer „additiven Bauweise" mit christlichen Bauten nur bedingt verglichen werden können. „Der arabische Palast folgte der modularen Bauweise und bestand aus einer Folge von Raumeinheiten (qasr); er war kein Gebäude wie der christliche Palast des Mittelalters oder das Kastell [...] Diese aufeinanderfolgenden Raumeinheiten waren ihrerseits umgeben vom Mauergürtel mit seinen Toren; jede

einzelne bildete aber ein unabhängiges Element aus mehreren Räumen, zusammengehalten durch Gärten anstelle von Höfen."[55] Diese charakteristische Anordnung in der arabischen Palastarchitektur werden wir in Folge auch beim Mudejarpalast Peters I. vorfinden.

4.4.1. Löwentor und Löwenhof

Wenn man heutzutage den Real Alcazar besucht, so ist es das Löwentor, durch das man zu allererst schreitet, bevor man den Löwenhof betritt. Dieser Teil der Palastmauer, in den das Löwentor (Puerta del León) eingelassen ist, war ursprünglich Bestandteil des maurischen Palastes aus dem 11. Jahrhundert. Seinen Namen hat das Tor von dem darüber abgebildeten Löwen. Auf Keramikfliesen gemalt, wacht hier ein an heraldische Motive erinnernder Löwe über den Palast. Dargestellt ist dieser mit einem Kreuz in der rechten Vorderpfote, welches er dem Betrachter entgegenhält. Auf dem Haupt trägt er eine Krone und um den Körper gelegt kann man auf einem Banner die lateinische Aufschrift ´ad utrunque´ lesen. Dies bedeutet so viel wie ´zu beidem bereit´, könnte also auf die Lanze anspielen, die unter dem Löwen liegt. Diese wäre als Symbol für den Krieg zu verstehen, während das Kreuz für den Frieden Gottes stehen könnte. ´Zu beidem bereit´ wäre somit eine Aussage, die sowohl eine friedliche Herrschaft (Krone auf dem Haupt des Löwen), als auch die kriegerische Auseinandersetzung meinen würde. Ein weiterer Interpretationsversuch wäre die Bewahrung des Friedens durch kriegerische Verteidigung, oder die Folge des Friedens auf den Krieg. Gimpl übersetzt die Aufschrift mit ´in beide Richtungen´ und geht davon aus, dass es sich um eine Aussage im topographischen Bezug handelt. Sie deutet die eine Richtung als den christlichen Westen, die andere Richtung als den islamischen Osten. Der Real Alcazar wäre somit der Ort, in dem die beiden Welten aufeinandertreffen, wie sie schreibt.[56]

[55] Petruccioli 1995, 19
[56] vgl. Gimpl 2009, 99

Hinter dem Löwentor liegt der sogenannte Löwenhof, der Patio del León, der durch den Jagdhof vom maurischen Palast Peter I. getrennt wird. Der Löwenhof ist in seiner heutigen Gestalt das Ergebnis zahlreicher Umbauten und Neugestaltungen. Ursprünglich war dies ein Hof der als Parade- und Waffenplatz genutzt wurde. Unter dem ehemaligen Konservator des Palastes, Joaquin Romero Murube, wurde der Platz in einen Garten umgestaltet.[57]

4.4.2 Gerechtigkeitssaal mit Gipshof

Am Ende des Löwenhofes liegt auf der linken Seite, direkt vor dem Jagdhof, der Gerechtigkeits- oder Ratssaal, „Sala de la Justicia".
„Der Gerechtigkeitssaal wurde nach der siegreichen Schlacht von Salado (1340) von Alfons XI. auf den Resten des ehemaligen almohadischen Palastes errichtet", so Fidalgo."[58] Im direkten Anschluss daran, lediglich durch einen Torbogen getrennt, befindet sich der Patio del Yeso, der Gipshof. Erwähnung finden soll dieses Raumgefüge aus dem Grund, da sich hier bereits ein wunderbares Beispiel maurischer Architektur und Ornamentik präsentiert. An den Seiten des quadratisch angelegten Raumes befinden sich Durchgangsbögen, die an den Seiten von je einer Bogennische flankiert werden. Diese Nischen besitzen im unteren Teil eingemauerte Sitzbänke. Abgesehen von der architektonischen Wandgliederung ist noch die ornamentale Ausgestaltung dieses Raumes hervorzuheben. Während die Durchgangsbögen und Bogennischen im unteren Bereich zur Gänze ungeschmückt blieben, hat man im oberen Drittel eine qualitätvolle Ausgestaltung anhand von Yeserias vorgenommen. (vgl. Kap. 3.5)
Die obere Zone der Bogenlaibungen wird hier mit Yeserias regelrecht ´überzogen´ und dadurch der statische Charakter der Architektur aufgegeben. Bereits in diesem Raum beginnt sich die volle Pracht arabischer Ornamentik in reifster Ausgestaltung zu präsentieren.

---

[57] vgl. Fidalgo 1998, 18
[58] ebd., 19

Trotz der erwähnten 'scheinbaren Leichtigkeit' der Architektur, wird zumindest andeutungsweise auf die Statik eingegangen: so beginnt die Ausschmückung durch die Stuckpaneele auffallender Weise erst in Höhe der Kämpferzone und endet in einem vorgetäuschten Balken über der Bogenlaibung. Auch zwischen den Bögen werden hier die Wandabschnitte durch hochgestellte Rechteckflächen betont. Besonders hervorgehoben, und dadurch eine Akzentuierung schaffend, ist der Durchgangsbogen in den Gipshof, den Patio del Yeso. Hier werden in der Wandzone über dem Bogen drei kleine Blendbögen ausgeformt, die jedoch weder reine Spitzbögen, als vielmehr in Art von Vielpassbögen gearbeitet sind. Die Fläche 'dahinter' bleibt auffallend glatt, fast ungestaltet. Dasselbe Motiv findet sich im Bogen selbst wieder: auch hier sind drei Bögen zu sehen, nun allerdings mit Arabesken im Hintergrund. Somit wird auch eine flächenhafte Verbindung zur darüber liegenden Bogenfläche hergestellt, da das Motiv der Arabesken bis zur Kämpferzone annähernd gleich bleibt. Erst ab diesem Bereich ändert sich das Motiv in Richtung floraler Muster. Spezielle Nennung muss an dieser Stelle die Kämpferzone finden, da hier nebeneinander fünf kleinteilige Vielpassbögen, beziehungsweise Bogennischen angedeutet sind. Auch hier widerspricht sich beinahe der im ersten Moment flächig vorgelagerte und somit die statische Eigenschaft des Bogens verhüllende Ornamentdekor. Durch die großen Ornamentbögen, die unter der eigentlichen Kämpferzone des Bogens angebracht sind, und die darauf ruhenden Blendbögen der eigentlichen Kämpferzone, ergibt sich eine für den Rezipienten durchaus nachvollziehbare Abfolge von statischen Elementen, wie sie auch am realen Bau denkbar wären.
Die vielfach erwähnte Leichtigkeit dieses Raumes wird zudem durch einen Zimmerbrunnen, der sich in der Mitte des Raumes befindet, betont. Aus einem in den Fußboden eingelassenen runden Wasserbecken ergießt sich voller Leichtigkeit das Wasser über eine Rinne in das rechteckige Wasserbassins des benachbarten Gipshofes. Ein Merkmal, das man in vielen westislamischen Prunkbauten vorfinden kann: „Die flache, auf dem Boden eines Kuppelsaales aufliegende Wasserschale ist charakteristisch für Wohnräume in

westislamischen Palästen des späten Mittelalters."[59] Durch den Zusammenfluss der Elemente ergibt sich ein sphärisches Gefühl, wie es der arabisch-maurischen Architektur allgemein inhärent ist. Licht, Wasser, Erde und Luft werden zum Einsatz gebracht, jedoch so subtil, dass es erst nach einiger Zeit für den aufmerksamen Besucher erkennbar wird. Ähnlich qualitativ ist die Ausschmückung des Gipshofes, der an den Seiten durch Arkadenreihen abgeschlossen wird. Diese Arkadenreihe ist in drei gleich breite Teile untergliedert, wobei die Mittelpartie von lediglich einem großen, die zwei seitlichen Teile dagegen von je drei Spitzbögen gebildet werden. Dabei werden die drei Hauptabschnitte von Pfeilern, die kleineren Polylobbögen wiederum von Säulen getragen. Durch diese alternierende Rhythmisierung der Wandfläche ergibt sich ein Zug zur Mitte hin, wobei der Blick auf die dahinterliegenden zwei Hufeisenbögen, die in den nächsten Raum führen, gelenkt wird.

Interessant ist hier die Behandlung der Wand in Bezug auf die Dichte derselben: während nämlich der mittlere Abschnitt, der schließlich den größten Teil an Offenheit besitzt, am meisten Mauerwerk besitzt, ist an den flankierenden Teilen die Flächigkeit durch eine Art ´Bogengitter´ gewährleistet. Obwohl also alle drei Wandelemente von der Quantität scheinbar gleich viel Flächigkeit besitzen, ist dennoch die bereits erwähnte Rhythmisierung der Wand und der Zug zur Mitte hin augenscheinlich. Die Hervorhebung der Mittelzone wird durch einen den mittleren Polylobbogen rahmenden schmucklosen Alfiz zusätzlich verstärkt. Es ist genau diese Art der Wandunterteilung, die man von den almohadischen Vorgängerbauten auch in späteren Ausbauphasen im gesamten Alcázar kopierte. „Der Saal auf der Längsseite des Patio del Yeso besitzt ein Baumotiv, das sich von da an immer wieder in der westislamischen Architektur findet: die über den Türen der Prachtsäle angebrachten Fenster mit ihren kunstvollen Stuckgittern […] Aus den wenigen uns überlieferten materiellen Zeugnissen der almohadischen Paläste geht zumindest eine Tatsache klar hervor: Die von Ibn Tumart so gepriesene Strenge, die in der Sakralarchitektur auch zum Ausdruck kommt, war hier nicht

---

[59] Barrucand 2007, 166

angestrebt. Reicher Bauschmuck, Wasserspiele und duftende Ziersträucher verbinden sich im Hortus conclusus zu einer raffinierten Verfeinerung des Lebensgenusses, und der Patio del Yeso steht den Alhambragärten schon sehr nahe."[60]

4.4.3 Jagdhof (Patio de la Montería)

Vor dem Palast von Peter I. liegt der Jagdhof, der Patio de la Montería. Dieser folgt, vorausgesetzt man betritt den Real Alcázar durch das Löwentor, auf den Löwenhof und liegt zwischen diesen beiden Bauteilen (Löwentor und Palast). Befremdlich mag die unterschiedliche Gestaltung der den Hof abschließenden Mauern Richtung Osten und Westen wirken. Dies liegt daran, dass die Hauptfassade des Palastes zu einer der Hauptarbeiten von Mudejarkunst ganz Andalusiens gehört, die Wände rechts (westlich) und links (östlich) jedoch aus anderen Epochen stammen. Auf der rechten Seite steht beispielsweise in strengem Kontrast zur ornamental ausgeschmückten Palastfassade ein in bester Renaissancearchitektur erbauter Arkadengang. „Dieser Säulengang wurde zwischen 1584 und 1588 errichtet und den Entwurf dazu verdanken wir dem damaligen leitenden Baumeister des Alcázars, Antón Sánchez Hurtado. Auf Marmorsäulen setzte er Rundbogen zweistöckig übereinander. Die unteren Säulen sind toskanischer und die oberen ionischer Art; [...] Linkerhand des Hofes sehen wir eine ähnliche Galerie wie die oben beschriebene; sie wurde jedoch zusammen mit anderen Räumlichkeiten dieses Bereiches im Rahmen der Arbeiten nach dem Lissabonner Erdbeben 1755 angelegt. Ursprünglich reichte der Jagdhof bis zum Löwentor, und es heißt, dass sich diese Bezeichnung auf den Brauch des Königs bezieht, hier seine Reiter um sich zu versammeln, bevor man gemeinsam zu Jagd ausritt."[61]

---

[60] Barrucand 2007, 163-166
[61] Fidalgo 1998, 22-23

Bei der Errichtung des linken Traktes hat man versucht, stilistisch an den Renaissancebau anzuschließen. Dies bedeutete die Verwendung glatter Säulen, die Bögen aus Backstein tragen. Darüber verläuft ein Gesims, das durch seine glatte Oberflächenbearbeitung mit den Säulenschäften korrespondiert.

In der Forschung wird kaum auf den Mauerzug zwischen Löwenhof und Jagdhof eingegangen. Dies mag daran liegen, dass es sich hier um eine fragmentarische Mauer handelt, die durch drei Bögen gebildet wird. Wahrscheinlich handelt es sich dabei um Überreste des almohadischen Palastes, was jedoch in der Literatur nirgends eindeutig geklärt wird.

4.4.4 Der Palast von Peter I. (El Palacio del Rey Don Pedro)

Würde man den Palast, explizit die Palastfassade singulär betrachten, man würde bei diesem Bauwerk unweigerlich an einen arabischen Fürsten als Bauherrn denken. Umso erstaunlicher ist es daher, dass es sich bei diesem Gebäudekomplex nicht um einen bereits bestehenden arabischen Bau handelte, der nach einer Eroberung durch einen christlichen Herrscher übernommen wurde, sondern es sich um einen kompletten Neubau handelte.

Auftraggeber dieser Palasträume war der christliche Herrscher Peter I., mit Beinamen ´der Grausame´, aber auch ´der Gerechte´ (span.: Rey Don Pedro), der von 1350 bis 1369 als König von Kastilien und Leon regierte. Vierzehn Jahre nach seinem Amtsantritt ließ er 1364 die Bauarbeiten für seinen Palast beginnen, die bereits zwei Jahre später abgeschlossen werden konnten. Das Besondere, das diesen Palasttrakt von den übrigen Palastbauten im Real Alcazar hervorhebt, ist die Ausgestaltung im Stile der Mudejarkunst, die Peter I. veranlasste. Wie in Kapitel 4.1 erwähnt, waren es Bauleute aus dem von Muhammad V. regierten Granada, die ab 1364 am Palastbau von Peter I. beschäftigt wurden. Und in der Tat knüpfte man durch die Ornamentverzierungen und Ausstattungsmerkmale stilistisch an die Alhambra von Granada als auch an andere arabische Bauten in Andalusien, an. Man versuchte, so Fidalgo, „die Architektur der maurischen Paläste – wie die Alhambra von Granada –, die der Bauwerke des Kalifats von Cordoba oder die der Almohaden in Sevilla miteinander zu verbinden und alles mit Elementen und Formen der christlichen Bauweise zu kombinieren. […] Der Name des ausführenden Baumeisters ist nicht bekannt, aber es arbeiteten daran Künstler, Maurer und Kunsthandwerker aus Granada, Toledo und Sevilla."[62] Man betritt den Palast über den Jagdhof (Patio de la Montería), durch ein Eingangsportal, das als das prächtigste im gesamten Alcazar angesehen werden kann. Durch verschlungene Gänge und eine Vorhalle gelangt man in den offiziellen Teil des Palastes, dessen Zentrum der sogenannte Mädchenhof, auch Jungfrauenhof genannt (Patio de las doncellas), ist. Den Hof umgebend sind unter anderem der Gesandtensaal (Sala de Embajadores), die Schlafgemächer des Gesandtensaales (Alcobas del Salon de Embajadores), die Infantengemächer (Sala de Infantes) und weitere Räume, wie die später umbenannten Säle wie der Saal mit der Decke Philipps II., oder der Saal mit der Decke Karls V.

Einen intimen Bereich hatte Peter I. im westlichen Bereich des Palastes errichten lassen. Hier kann als zentraler Hof, um den sich die wichtigsten Räumlichkeiten gruppieren, der Puppenhof (Patio de las Muñecas) angesehen werden. In diesem Bereich des Palastes befinden sich die Schlafgemächer des Königs, auch Schlafgemächer der Maurenkönige genannt (Dormitorio de los reyes Moros), die Prinzengemächer (Cuarto del Prinzipe) und der sogenannte Saal mit der Decke der katholischen Könige (Cuarto del techo de los Reyes Católicos).

4.4.5 Palastfassade

Bereits die Palastfassade bietet einen Eindruck dessen, was im Palast zu großartiger Ausarbeitung gelangte, nämlich arabische Baukunst, Mudejarkunst, auf höchstem Niveau. Murube nennt die Fassade des Palastes von König Peter als eines der reichsten und am meisten anmutigen Beispiele von Mudejar-Architektur.

[62] Fidalgo 1998, 24

Die dekorative Anordnung des Baudekors wächst dabei, so Murube, von unten nach oben empor. Verstärkt wird diese Wirkung durch Säulen und Pilaster, die ebenfalls nach oben empowachsen und die Wirkung der Lärchenholzdecke verstärken.[63] Harmonisch fügen sich auch die später entstandene Renaissancefassade von 1584-1588 und die Fassade von 1755 ins Gesamtgefüge ein, da man hier die Bögen der bereits bestehenden Fassade des Palastes aufnahm und fortführte. Erst auf den zweiten Blick wird eine leichte Asymmetrie an den Kontaktpunkten der drei Fassaden ersichtlich, da die Palastfassade nach Westen hin verschoben scheint. Diese Unregelmäßigkeit liegt am Verzicht eines Arkadenganges bei der Bausubstanz, die nach dem Lissabonner Erdbeben von 1755 errichtet wurde.

Die Fassade ist dreigeteilt, wobei der Mittelteil durch seine architektonische Betonung, als auch die aufwendige ornamentale Ausgestaltung, am meisten hervorgehoben wurde. Die Seitenteile, die beide ident ausgearbeitet wurden, weisen die für die Hofgestaltung charakteristischen Bögen auf, auf denen das Obergeschoß ruht. Je vier Bögen aus Backstein werden von Backsteinpfeilern gestützt, darüber verläuft ein Architrav, der ebenfalls aus Backstein besteht. Charakteristisch für diese untere Zone der beiden Seitenteile ist die Schmucklosigkeit, da weder an der Stirnseite, noch an der dahinterliegenden Wand des Arkadenganges Verzierungen den Bau schmücken. Lediglich der Kontrast von weißer Mauer und den vorgelagerten Backsteinen belebt diese untere Zone.

Im Obergeschoß verhält es sich dagegen anders: hier kommt es zu keiner bloßen Aneinanderreihung an Bögen, sondern einer Gestaltung, welche die Dreiteilung der Hauptfassade im Kleinen wieder aufnimmt. Auf Pfeilern lagern Rundbögen, die seitlich von je einer Dreiergruppe kleinerer Rundbögen flankiert werden. Die Zwickel, als auch die Dreiergruppen werden dabei durch Atauriques, beziehungsweise Sebkamuster nobilitiert. Diese Musterform ist eine charakteristische Ornamentvariante, wie sie auch in der Ornamentkunst der Almohaden vorkommt. Einer der berühmtesten Bauten der diese Sebkamuster aufweist, ist die Giralda von Sevilla in

---

[63] Murube 1972, 57(vom Autor aus dem Spanischen übersetzt)

unmittelbarer Nachbarschaft zum Real Alcazar. (vgl. Kap. 5.5) Doch zurück zur Palastfassade: „Von diesen oberen Galerien werden die Fenster der Hauptsäle des Oberen Palastes eingerahmt. Auch diese sind mit Gipsarbeiten verziert, die nach der Eroberung des Reiches Granada hier angebracht wurden. Dies ist an den kleinen im Wappen Granadas vorkommenden Granatäpfeln zu erkennen, den Ornamenten an den Fensteröffnungen im Hintergrund, sowie an dem delikaten granadischen Flair des Bogenswerkes."[64] Diese Zunahme ornamentaler Ausgestaltung nach oben hin macht sich auch am Mittelteil der Fassade bemerkbar. Ebenso wie bei der Gesamtansicht, zeigt sich bei der Einzelbetrachtung des Mittelteils eine Dreiteilung in der horizontalen Achse, wobei dieser Fassadenmittelteil zusätzlich durch zwei risalitartig hervorgehobene Mauerpfeiler, die auf steinernen Säulen mit glattem Säulenschaft ruhen, von den bereits genannten Seitenteilen deutlich abgegrenzt werden. Auf ein Untergeschoß folgt hier, anders als bei den beiden Seitenteilen, eine ausgeprägte Architravzone, auf der sich dann das Obergeschoß erhebt, um darüber von einem weit vorkragenden Dach abgeschlossen zu werden.

In der unteren Zone fällt besonders der Kontrast des eckig gestalteten Haupteinganges zu den ihn flankierenden Seitenteilen auf. Diese sind durch je einen Vielpassbogen, auf dünnen Säulchen ruhend, und in der Oberzone durch das bereits von den Dreifachbögen im Obergeschoß der Seitenteile bekannte Sebka-Muster charakterisiert. Auch hier stehen wieder die vorgelagerten architektonischen Elemente in starkem Kontrast zum dahinterliegenden Mauerwerk. Durch die unterschiedliche Behandlung von Mauerwerk und Sebkamuster wirkt zweiteres mehr ´vorgestellt´, als zum Bau gehörig. Von den Seitenteilen leicht hervorgehoben präsentiert sich schließlich das Hauptportal in strenger Linearität. Dazu trägt besonders die aus großen Steinen gemauerte Türlaibung bei. Einziger Schmuck des Portals bleibt der Türsturz, „dessen Steine mit Weinranken toledanischen Ursprungs bearbeitet sind."[65]

[64] Fidalgo 1998, 25-26
[65] ebd., 26

Wesentlich diffiziler wird die Ausschmückung in der darüber liegenden Architravzone. Auch hier fällt zu allererst wieder die Dreiteilung auf, die sich wie ein roter Faden durch alle drei Ebenen der mittleren Fassade zieht. Die Zone wirkt hier wie eine Stützmauer, auf die schließlich in der darüber befindlichen Ebene die Fenster aufliegen. Die beiden Seitenteile werden durch eine Vervielfachung des Bogenmotivs aus der Unterzone gebildet. Steinerne glatte Säulchen tragen fünf kleine Bögen mit almohadischem Sebkamuster. Anders als in der Unterzone sind allerdings die dahinterliegende Wand, als auch die begrenzenden Lisenen zu beiden Seiten nun ornamental ausgestaltet. Ein Flechtbandmuster zieht sich hier senkrecht den Bau nach oben und wird auch in der darüber liegenden Fensterzone fortgeführt. Obwohl es sich um die Architravzone handelt, wird die Last derselben vollkommen durch die feingliedrige Stuckatur aufgehoben und scheint dadurch mehr einem Netz als einer statischen Mauer zu entsprechen. Jeglicher Statik widerspricht letztendlich der Mittelteil der Architravzone, wo selbst die bereits zu Säulchen mutierten Stützen nur noch in Stuck angedeutet sind.
Dennoch fungiert eben dieses 'Ornamentband' als stützendes Element für die Fensterzone, wo man an der Dreigliedrigkeit festhielt. Vom Architrav durch einen leichten waagrechten Mauervorsprung getrennt, befinden sich an den Seiten Zwillingsfenster, in der Mitte hingegen ein Drillingsfenster. Schlichter gehalten sind die Zwillingsfenster in den Seitenteilen, da hier die Vielpassbögen seitlich auf der Mauer aufsitzen und nur in der Mitte eine Steinsäule mit ausgearbeitetem Kapitel besitzen. Das Drillingsfenster in der Mitte besitzt dagegen auch an den Seiten Säulen, obwohl diese genau genommen keine offensichtliche statische Funktion erfüllen, da die Kämpfer hier ebenfalls aus der Mauer hervorkragen. Dennoch trägt dieser feine Unterschied zu einer optischen Hervorhebung der Mittelzone bei. Alle drei Fenster werden von Polygonalbögen mit dem nun bereits bekannten Sebka-Muster in den Bogenzwickeln bekrönt. Die Mauer, in die jene Fenster eingelassen sind, bleibt dagegen schmucklos glatt.
Eine bis jetzt kaum zur Erwähnung gelangte Zone verdient besondere Aufmerksamkeit. Es ist dies die Architravzone über den Fenstern. In

blauen und weißen Azulejos ist hier in Kufi, einer der ältesten Formen der arabischen Sprache, der Leitspruch der Nasriden zu lesen: „Es gibt keinen Sieger außer Allah." Bei Fidalgo findet sich eine Übersetzung des die kufische Inschrift rahmenden Schriftbandes mit gotischen Schriftzeichen: „Der hochwohlgeborene, sehr edle, mächtige und eroberungstüchtige König Peter Kastiliens und Leóns von Gottes Gnaden, ließ diese Alcazare erbauen und diese Paläste und Fassaden, und dies geschah im Jahre eintausend vierhundert zwei." Dieses Datum entspricht der mohammedanischen Zeitrechnung und bezieht sich auf das Jahr 1364 der christlichen Zeitrechnung, das Jahr, in dem mit den Bauarbeiten dieses Palastes begonnen wurde."[66]

Abschließend soll noch die alles bekrönende und weit vorkragende Dachzone der Palastfassade untersucht werden. Die bereits einleitend erwähnten begrenzenden Pfeiler enden unter der Zone der Inschrift, sind hier mit Deckplatten ausgestattet und übernehmen scheinbar die tragende Funktion für den Dachaufbau. Direkt über diesen Platten beginnen die untersten Stützelemente des Daches nach vorne, in Richtung des Jagdhofes, auszugreifen. Von einem weiteren Architrav überlagert setzt sich dieses Ausgreifen des Daches in der obersten Zone beinahe schwerelos fort. Einzige Stützen scheinen die äußersten Balken zu sein. Bereits am Beginn dieses Prozesses, also in der unteren Zone des Daches, wird jegliches Lasten durch Stalaktiten verhüllt und somit „erleichtert". Eine großartige Ausformung erfährt die Kunst des Stalaktitengewölbes über die gesamte Breite der mittleren Fassadenzone. Dabei steht die polygonale Wölbung der Stalaktiten wieder in starkem Kontrast zur Linearität der auskragenden Dachbalken der oberen Dachzone.

Als nicht unmittelbarer, aber dennoch zum Gesamteindruck zählender Baukörper, muss an diesem Punkt schließlich noch der Turm, der sich hinter dem Zentrum der Fassade erhebt, genannt werden. Stilistisch wurde dieser durch Bögen und vorkragendes Dach mit der Hauptfassade des Palastes verbunden.

---

[66] Fidalgo 1998, 26

Die Bögen ähneln dabei jenen der seitlichen Fassadenteile, wo sie als gestelzte Rundbögen vorkommen. Das Dach ist dabei nur leicht mittels Konsolen hervorgehoben, hält sich aber ansonsten unauffällig zurück. Die übrigen Gebäudetrakte sind in ihren Höhenausmaßen so gestaltet, dass sie der großartigen Fassade keine Wirkung nehmen. Somit konzentriert sich der Blick des Besuchers vollends auf dieses Glanzstück maurischer Architektur.

4.4.6 Eingangshalle

Trotz des leichten und offenen Charakters maurischer Architektur zeigt sich bei der Anlage des Eingangsbereiches ein divergentes Bild. Man betritt den Palast nämlich nicht durch eine nach allen Seiten hin offene, großzügig angelegte Vorhalle, sondern durch einen verschlungenen Gang, der, im Vergleich auf den großen Vorhof (Jagdhof), beinahe einengend wirkt. Wie in der mittelalterlichen Architektur allgemein, war die Wehrhaftigkeit immer eine Prämisse beim Erbauen eines Palastes. Doch nicht nur fortifikatorische Gründe sind hier zu nennen, als vielmehr eine der arabischen Architektur inhärenten Eigenschaften: nach außen hin präsentieren sich die Paläste abweisend, sie öffnen sich nach innen auf die Höfe. (vgl. Kapitel 5.6.1)
So verwundert es nicht, dass man sich nach dem Betreten des Palastes in einem langgestreckten Gang befindet, ohne jedoch direkt ins Innere des Palastes blicken zu können. Murube schreibt zu diesem Phänomen: "Die Religion der Araber forderte das Anbringen von verschiedenen Symbolen und Dekorationen an den Bauwerken, die an die Ehrfurcht vor Gott und generell den Gedanken an Gott erinnern sollen. Während die Wände mit Inschriften aus dem Koran zur Huldigung des Schöpfers überzogen wurden, zeigt das Gebäude generelle Züge einer Moschee. Die Besucher sollen einen Eindruck der Reinigung des Geistes, Ruhe und Einsamkeit empfangen. Dies ist auch der Grund, weshalb der Eingang verwinkelt angelegt wurde und somit keinen Einblick in die Größe und Pracht des sevillanischen

Palastes bietet."[67] Der Gang führt östlich in den offiziellen Teil des Palastes, mit dem Mädchenhof (Patio de las Doncellas) als Zentrum und in westlicher Richtung zum privaten Trakt rund um den Puppenhof (Patio de las muñecas). Dabei wurde der Eingangsbereich so gestaltet, dass man den Gang in Richtung der offiziellen Räume breiter gestaltete, in Richtung der Privaträumlichkeiten dagegen verwinkelt und auf den ersten Blick nicht sichtbar anlegte. Was an der Fassade in Bezug auf Ornamentik und Ausgestaltung seinen Anfang nahm, wurde im Inneren des Palastes in gleich hoher Qualität fortgesetzt. Die Eingangshalle wird durch drei Rundbögen charakterisiert, wovon zwei der Bögen von Säulen und ein Bogen von Pfeilern gestützt werden. Zur Provenienz der Säulen schreibt Fidalgo: „Die Bogen ruhen auf Säulen mit wiederverwendeten Kapitellen; davon sind drei westgotischen Ursprungs und stammen wahrscheinlich aus der ehemaligen St. Vinzenz geweihten Basilika, die man im heutigen Fahnenhof gefunden hat; das vierte kommt aus der Kalifenstadt Córdoba."[68] Generell stammen die meisten im Alcazar verwendeten Säulen und Kapitelle aus der Palaststadt Madinat al-Zahra und dürften unter der almohadischen Herrschaft herangeschafft worden sein.

Die Laibungen und Zwickel der Bögen sind komplett mit Yeserias überzogen, wobei die farbige Bemalung noch gut erhalten ist. Die Ornamentformen bestehen hierbei zur Gänze aus Atauriques und Zackenfriesmotiven. Wie bereits an der Fassade, so zeigt sich auch im Inneren die Vorliebe für den Kontrast zwischen glatter Wand und bewegter Wandoberfläche, da der mittlere Bereich auffallend leer gehalten wurde und nur die weiße glatte Wand wiedergibt. Wie eine Art Überleitung zu den meisterhaft gestalteten Artesonado-Holzdecken wirken die Gipspaneele im oberen Bereich der Wände. Diese fügen sich stilistisch in die Gestaltung der Bogenpaneele ein und fassen somit den gesamten Gang zusammen. Eine Funktion, die in entgegengesetzter Richtung die Azulejosverkleidung im unteren Wandabschnitt für sich beansprucht – doch dazu später mehr.

[67] Murube 1972, 59 (vom Autor aus dem Spanischen übersetzt)
[68] Fidalgo 1998, 26

Die überleitende Funktion der Yeserias wird durch kleine Stalaktitenkuppel-Friese, die unter den Artesonado-Decken entlanglaufen, zudem noch verstärkt. Nach oben hin wird die Vorhalle durch die bereits genannten Artesonado-Decken mit geometrischem Dekor abgeschlossen. Dabei sind die Decken differenziert ausgearbeitet, zeigen also immer ein anderes Muster. Die in der islamischen Architektur beliebten Motive wie Sterne, Oktogone und Polygonen finden sich auch an diesen Holzdecken. Dabei werden die Motive auf subtile Art und Weise anhand von Flechtbändern miteinander verbunden, ergeben im Einzelnen oder auch im Gefüge betrachtet immer neue Formen und Muster.
Spezifisch eingesetzte farbliche Akzentuierungen finden sich, wie bereits bei den Yeserias, auch an den Artesonado-Decken. Gold, Blau und Rot zählen dabei zu den bevorzugten Farben. Auch das Wappen von Kastilien und Leon (Burg und Löwe), das bereits an der Fassade angebracht war, trifft man hier wieder an. Lässt man nun den Blick nach unten wandern, so fällt hier besonders die Ausschmückung anhand von Azulejos auf.
Das breite Azulejosband zieht sich, wie oben erwähnt, über die gesamte Wand des Ganges und bildet somit quasi die Sockelzone der Vorhalle. Vergleichbar mit den Mustern der Holzdecken, ist auch hier das Changieren der Formen zu beobachten. Einzelformen wechseln durch verbindende Flechtbänder mit größeren zusammenhängenden Motiven ab und lassen dadurch das Auge des Betrachters nicht müde werden, immer wieder neue Formen zu erkennen. Geometrische Bänder schließen die Sockelzone der Azulejos nach unten und oben hin ab, wobei über letzterem ein breiter Yeseria-Streifen mit kufischer Inschrift angebracht ist. Bereits hier wird der oben erwähnte Unterschied zur östlich-arabischen Architektur bemerkbar: Während in der arabischen Architektur des östlichen Mittelmeerraumes, als auch der arabischen Halbinsel, Fliesendekorationen über die gesamte Wandhöhe angebracht wurden, hat man sich im westarabischen Einflussgebiet auf die unteren Wandzonen, die Sockelzone beschränkt.

4.4.7 Mädchenhof (Patio de las doncellas)

Wie in den einleitenden Worten zum Real Alcazar erwähnt, kann der Mädchenhof als das Herzstück, sowohl der offiziellen Räumlichkeiten, als auch des gesamten Palastes von Peter I. angesehen werden. Es ist dies der größte Hof innerhalb des Palastes und bildet somit das Zentrum, um das sich die unmittelbar angrenzenden Raumkompartimente achssymmetrisch anschließen. Gemeinsam mit dem Gesandtensaal (Salon de Embajadores) bildet der Patio de las doncellas die Mittelachse des Palastes. An dieser Achse richten sich die übrigen Räume im Großen und Ganzen aus.

Der Name Mädchenhof beruht auf einer Legende, nach der die maurischen Eroberer jedes Jahr einhundert Jungfrauen als Bezahlung von den Christen verlangt haben sollen. Diese Legende wurde allerdings gut erfunden, um die Bestrebungen der Reconquista voranzutreiben. Eine andere Version erzählt, dass die Fenster, durch die man in den Hof sieht, für die Hofmädchen zur Verfügung standen, damit diese unerkannt sehen konnten, wer als Gast in den Palast gelangte. Dasselbe Prinzip solcher Fenster ist heutzutage noch in vielen islamischen Ländern (hauptsächlich der arabischen Halbinsel) verbreitet.

Betrachtet man nun den rechteckig angelegten Innenhof, so fällt zu allererst eine gewisse Divergenz zwischen Unter- und Obergeschoss auf. Denn obwohl beide Geschosse durch vorgelagerte Arkadengänge charakterisiert werden, kontrastiert das Obergeschoss durch seine strenge Bauweise, die überhaupt nicht zur üppig ornamental ausgestatteten Bogenform des Untergeschosses zu passen scheint. Diese Begebenheit ist der Tatsache geschuldet, dass das obere Geschoss ein späterer Zubau aus der Renaissancezeit ist. Wie Fidalgo schreibt, sind diese oberen Galerien, die ebenso wie die davor befindliche Marmorbalustrade von einer genuesischen Werkstatt stammen, ab 1540 durch den Baumeister des Königs, Luis de Vega, errichtet worden.[69]

---

[69] vgl. Fidalgo 1998, 30

Murube dazu: "Durch die Notwendigkeit die Räumlichkeiten zu vergrößern, entstand im Mädchenhof, dem Patio de las Doncellas, eine Galerie aus Arkaden, Marmorsäulen und Balustraden. Der ursprüngliche Hof wurde dabei vollkommen umgestaltet. In der früheren Phase glich dieser sicherlich mehr einem Festungsbau. Über der flachen Dachlandschaft mit den Terrassen erhoben sich hier ursprünglich Türme, die den Haupteingangsbereich, den sog. "Salón de Los Embajadores", als auch die Gemächer des alten Königs schützen sollten."[70]

In Kontrast zur strengen architektonischen Gliederung der Renaissance stehen dagegen die unteren Arkadenbögen: Auf Doppelsäulen gestützt erheben sich hier polylobe Bogen, die das almohadische Gliederungsmuster des Patio del Yeso wieder aufnehmen. Ein bis zum Beginn des Obergeschosses hochgezogener Bogen, der somit auch die Mitte einer jeden Hofseite bildet, wird dabei von je zwei Bögen flankiert. Das bereits im Patio del Yeso verwendete Sebka-Muster kommt nun auch hier für die Ausgestaltung der Bogenzwickel zum Einsatz. Während dort allerdings der Mittelbogen zusätzlich durch Pfeiler hervorgehoben wurde, gab man sich hier mit durchgehenden Stützen aus Doppelsäulen zufrieden. Es handelt sich dabei allerdings nicht um die originalen Säulen, sondern um einen Umbau aus der Zeit der Renaissance. Zusätzlich zur Erhöhung des Mittelbogens tragen auch die Pfeileransätze über dessen Doppelsäulen zur Akzentuierung bei. Erst über diesen Ansätzen erhebt sich der eigentliche Bogen, der dabei die bis jetzt nicht genannte Frieszone durchbricht. Dieser Fries enthält abermals den von der Fassade bereits bekannten nasridischen Spruch: „Es gibt keinen Sieger außer Allah". Ebenso wie an der Hauptfassade ist er auch hier in kufischer Schrift verfasst. Weitere schmückende Symbole sind die Wappen von Kastilien und Leon, als auch das königliche Wappen mit der Inschrift ´Non plus ultra´, ein Zeichen dafür, so Fidalgo, dass der Hof im 16. Jahrhundert unter den Habsburgern umgebaut wurde.[71]

---

[70] Murube 1972, 62-63 (vom Autor aus dem Spanischen übersetzt)
[71] vgl. Fidalgo 1998, 28

Als wortwörtlich ´Roter Faden´, der den Bau durchzieht, kann man die Azulejosdekoration an der Sockelzone des Hofes nennen. Diese zieht sich von der Eingangshalle beginnend, die Wände des Ganges entlang in den Mädchenhof, um auch dort rundum die Wände zu bedecken. Dabei wechselt jedoch die Form der Muster nicht, sondern ist gleich gestaltet wie am Anfang des Palastes: Geometrische Friesbänder oben und unten, mittig der breite Streifen mit Sternmustern in verschiedensten Ausformungen und als oberen Abschluss das bereits bekannte Friesband mit kufischen Schriftzeichen. In diesem Bereich müssen noch die von toledanischen Baumeistern gestalteten Holztüren mit ihren kunstvoll geschnitzten Ornamenten und den Vergoldungen genannt werden. Geschlossen zeigen diese Türen ähnliche Muster wie die bereits vom Eingangsbereich bekannten Holzdecken, geöffnet geben sie dagegen den Blick frei auf einen weiteren, hoch aufragenden Rundbogen.

Das Innere des Hofes schmückt heutzutage wieder ein langrechteckiges Wasserbecken, das mittig über die Langseite des Hofes angelegt wurde. Links und rechts davon befinden sich Tiefbeete, die mit Orangenbäumen bepflanzt wurden. Die Verwendung von Tiefbeeten ist typisch für die arabische Gartenkunst: man bevorzugte dabei, dass sich die reifen Früchte und duftenden Blüten in Höhe des Hofbesuchers, anstatt, wie bei ebenerdiger Bepflanzung, über den Köpfen der Besucher befinden.

Die Beete werden an deren Umrandung von einer Wand mit vorgeblendetem Kreuzbogenfries abgeschlossen. Das Motiv des Kreuzbogenfrieses, beziehungsweise des Blendbogenfrieses, war ein beliebtes Gestaltungsmerkmal und findet sich beispielsweise in Archez am Minarett der nasridischen Epoche, oder auch in Zaragoza im Aljaferia Palast, über dem Eingang zum Betsaal wieder. Ein Vergleich zu dieser Anlage findet sich im äußerst westlichen Bereich des Alcazars, im kreuzförmig angelegten Crucero-Garten. Beim Crucero-Garten finden wir dieselben Gestaltungsmittel wie beim Patio de las Doncellas vor: Tiefbeete, Wasserbecken, als auch die ursprüngliche Bepflanzung mit Orangenbäumen. Laut Barrucand wurde der Crucero-Garten über einem Garten aus abbadidischer Zeit angelegt.⁷² In älterer Literatur findet man noch die Nennung von weißen Marmorplatten, die den Boden des Mädchenhofes zur Gänze bedecken, als auch eines runden Wasserbeckens im Zentrum des Hofes wird genannt. Dieser Unterschied in der Gestaltung des Hofes kommt durch eine neuere Umgestaltung: In den Jahren 2002 und 2004 wurden archäologische Grabungen getätigt, wobei man nicht nur ältere islamische Vorgängerbauten, sondern sogar Überreste aus der römischen Antike zu Tage brachte. Anhand alter Beschreibungen und Pläne weiß man heute, dass auch zur Zeit Peters I., also zur Zeit der Erbauung, ein Wasserbecken mitten durch die Längsachse des Hofes verlief und sich flankierend dazu Tiefbeete mit Orangenbäumen befanden. Die Gestaltung des Hofes, die man also heutzutage sehen kann, entspricht zur Gänze der originalen Ausstattung des Mudejar-Patios. Ein berühmter Vergleichsbau in Bezug auf die Einteilung des Hofes, mit Wasserbecken in der Mitte, samt flankierende Bepflanzung, kann im Patio de la Acequia in den Gärten des Generalife gesehen werden. Auch hier befindet sich mittig im Hof ein langrechteckiges Wasserbecken, das von Pflanzenrabatten flankiert wird (hier allerdings ohne Tiefbeete). Ähnlich in der Anlage zeigt sich auch der Myrtenhof der Alhambra, wobei hier das Wasserbecken weitaus breiter ausfiel, als wie beim Patio de las Doncellas. Obwohl rekonstruiert, gibt der Patio einen guten Eindruck maurischer Gartenarchitektur und vermittelt die Bedeutung, die von den Arabern dem Wasser zugeteilt wurde. Denn dieses ist das alles beherrschende Element in diesem Innenhof. Obwohl die Ausstattung durch Yeserias, Azulejos, Holzschnitzereien und Marmorarbeiten ein einzigartiges Gesamtkunstwerk schafft, so ist es doch das Wasser, das den Gesamteindruck des Hofes prägt. „Das Prinzip dieser Gartengestaltung lebte noch Jahrhunderte später in Marokko weiter: Überhöhte Alleen, die über den Kronen der Orangenbäume liegen, bilden ein Achsenkreuz, in dessen Vierteln sich neben den Beeten rechteckige Wasserbecken befinden und in dessen Mitte sich ein rundes Becken und ein kleiner Pavillon erheben."⁷³

⁷² vgl. Barrucand 2007, 163
⁷³ ebd., 128

4.4.8 Saal mit der Decke Karls V. (Salón del techo de Carlos V.)

Südlich des Mädchenhofes schließt unmittelbar ein langgestreckter rechteckiger Saal an, es ist dies der sogenannte Saal mit der Decke Karls V., da unter diesem Herrscher anstatt der originalen Mudejar-Decke eine hölzerne Kassettendecke eingezogen wurde.
Laut Fidalgo geschah dieser Umbau in den Jahren 1541 und 1542 und wurde von einem Zimmermeister namens Sebastian de Segovia durchgeführt.[74] Bis auf die Kassettendecke ist der Saal in seiner Bausubstanz aber im originalen Erbauungszustand erhalten geblieben.
Man gelangt in den Saal (neben einem Zugang durch die Infantengemächer) durch eine, von Zwillingsfenstern flankierte Tür über den Mädchenhof. Die Zwillingsfenster werden durch zwei gedrückte Spitzbögen gebildet, die mittig auf einer Säule ruhen. Hervorzuheben sind dabei die meisterhaften Arbeiten der Fensterläden und der Türen, die aus bemalten und vergoldeten Schnitzarbeiten bestehen.
Der Saal selbst wird durch einen langestreckten Hauptteil und einen im Osten begrenzten Alkovenbereich gebildet. Bei der Einteilung der Wandverkleidungen wiederholt sich das Schema des Eingangsbereiches und des Hofes und wird, so werden wir im Folgenden sehen, auch im Hauptsaal des Palastes, dem Gesandtensaal, fortgeführt werden. Über die bereits bekannte Sockelzone aus Azulejos schließt auch hier eine Frieszone aus Atauriques an, in die kufische Schriftzeichen eingelassen sind. Anders als bei der Wandzone des Eingangsbereiches, ragen hier nun zinnengleiche Gipspaneele in die obere Wandzone empor. Dieser Abschnitt der Wand wurde nicht ausgeschmückt, zeigt also die glatte weiße Wand. Diese ´leere´ Wandzone hebt dadurch den mit Yeserias regelrecht überwucherten Stelzbogen umso mehr hervor. Zwei schlanke Säulchen, die durch Pfeilervorlagen von der Wand weggerückt wurden, tragen den Bogen, der sich somit über die gesamte Breite des Saales erstreckt und dabei von einem Schriftband, das in der Kämpferzone des Bogens seinen Ausgang nimmt, gerahmt wird.

[74] vgl. Fidalgo 1998, 44

Die Bogenzwickel und die Bogenlaibung sind durch ornamentale und geometrische Stuckarbeiten, wie man sie auch rund um den Eingangsbogen sehen kann, verziert.

Den Hauptteil des Saales umlaufend, befindet sich in der obersten Zone der Wand ein schmaler Streifen mit kalligraphischen Schriftzeichen und ein breiter Stuckfries, der aus geometrischen Formen gebildet wird und abwechselnd das Wappen von Kastilien zeigt. Über diesem oberen Raumabschluss erhebt sich letztendlich die eingangs erwähnte Holzdecke, die durch oktogonale Kassetten mit in der Mitte befindlichen Blütenrosetten charakterisiert wird. Zwischen den Oktogonen befinden sich raumfüllende kleine quadratische Kassetten, die, wie schon die Oktogone, in ihrer Mitte Blütenrosetten aufweisen. Zwischen dieser hölzernen Kassettendecke und der Wandzone befindet sich eine ebenfalls hölzerne Frieszone, der acht geschnitzte Kaiserwappen vorgelagert sind.

Zusammenfassend kann man für diesen Raum also festhalten, dass die maurischen Baumeister an dem für den gesamten Palast charakteristischen Gestaltungsschema im Mudejar festhielten. Die typischen Elemente wie Azulejos, Yeserias, Atauriques, Schnitzarbeiten und Einlegearbeiten werden auch im Saal mit der Decke Karls V. beibehalten.

4.4.9 Schlafgemächer der Maurenkönige (Cámara y dormitorio del Rey)

Auf der gegenüberliegenden Seite des Mädchenhofes liegen die Schlafgemächer der Könige, die in ihrem Grundriss, als auch in Form der Ausstattung dem Saal mit der Decke Karls V. ähneln. Das heißt, dass auch hier vom Hof herkommend ein Bogen, von Zwillingsfenstern flankiert, den Zutritt in den Saal gewährt und, wie im vorigen Kapitel erörtert, auch hier eine Langseite in Form eines Alkovens endet. An der Verkleidung der unteren Wandzone anhand von Azulejos, dem darüber befindlichen Schriftband aus Yeserias, der weißen Wand und den restlichen, bereits bekannten Applikationen, ändert sich auch hier nichts.

Einer der Hauptunterschiede liegt nun in einem Anexraum, der sich nördlich an den Saal anschließt und das eigentliche Schlafgemach des Königs bildete. Dieser wird vom Hauptsaal durch drei Hufeisenbögen auf schlanken Säulen, die laut Fidalgo aus Cordoba stammen, abgegrenzt. Wie wir im darauffolgenden Kapitel sehen werden, bildet diese Arkadenreihe bereits eine Vorwegnahme der Hauptgliederung im Gesandtensaal und hat ihre Provenienz in der Palaststadt Madinat al-Zahra. (vgl. Kap. 5.2) Die typischen Elemente dieses Bogenstils sind die von einem, mit kalligraphischen Zeichen versehenen rahmenden Schriftbänder, als auch die zur Gänze überzogene Wandzone über den Bögen, die durch je drei Celosiafenster charakterisiert wird. Zudem wird dieses Arrangement von der restlichen Wandzone durch zwei seitlich rahmende Schriftbänder mit kufischen Schriftzeichen abgegrenzt.

Zudem muss die Artesonado-Decke dieses Raumes erwähnt werden, die auch hier durch einen geschnitzten Fries mit kastilischen Wappen mit der Wand verbunden wurde. Über diesem Fries erhebt sich die farbig bemalte Decke, die durch oktogonale und polygonale Formen gebildet wird. "Die Decke ist sehr interessant wegen der Mischung des vielschichtigen geometrischen Musters und den Berührungen mit Renaissanceelementen im Bereich der Verkleidung. Diese Decke wurde noch nie restauriert. Durch die ursprüngliche Vergoldung muss die Decke ein sehr brilliantes, üppiges Aussehen gehabt haben."[75]
Nach dem Mädchenhof und den flankierenden eben behandelten Sälen, soll nun der Hauptraum dieses öffentlichen Palasttraktes zur Untersuchung kommen: der Gesandtensaal.

4.4.10 Gesandtensaal (Salón de Embajadores)

Auf den Mädchenhof achsial ausgerichtet, befindet sich im südwestlichen Bereich des Palastes der Gesandtensaal (Salón de Embajadores). Bereits aufgrund seiner reichen Ausstattung, die hier zu den bereits gesehenen Räumen eine weitere Steigerung erhielt, kann man auf die Wichtigkeit dieses Raumes für das

---
[75] Murube 1972, 75 (vom Autor aus dem Spanischen übersetzt)

Hofzeremoniell schließen. Murube fasst diesen Saal mit folgenden Worten treffend zusammen: "All die aufwändigen, detaillierten Dekorationen, die die anderen Wände des Palastes zieren, erreichen einen Höhepunkt an Reichtum und Schönheit im sog. Gesandtensaal, dem Salón de Embajadores. [...] Der gesamte Raum ist aufgrund seiner Ausmaße und der Pracht eine echte Sensation und gilt zu Recht als eine der schönsten architektonischen Juwelen des Alcazars, als auch des gesamten Mudéjar-Stils."[76] Beim Gesandtensaal handelt es sich um einen quadratisch angelegten Raum, der von einer hölzernen Kuppel abgeschlossen wird. Aufgrund dieser Kuppel wird der Raum oft auch „Sala de la Media Naranja" genannt, was so viel bedeutet wie Saal der halben Orange.

Haben wir in den vorigen Räumlichkeiten immer wieder den Kontrast zwischen leerer Mauer und ornamental ausgestalteter Wand hervorgehoben, so fällt dieser Aspekt hier ganz weg. Man ist verleitet, den Terminus des Horror Vaccui an dieser Stelle zu verwenden, da man keine leere Stelle, keinen von Azulejos, Yeserias oder Muquarnas freigelassenen Wandabschnitt findet, der gesamte Raum ist vom Boden bis zur Decke mit geometrischen und ornamentalen Mustern überzogen. Man hat exakt darauf geachtet, die bereits bekannte Gliederung der Wand beizubehalten, dabei aber die leeren Stellen zu füllen und somit in die einzelnen Wandabschnitte zu integrieren. „Drei Wände des Hauptsaales sind in dreibogige Arkaden aus cordovanischen Hufeisenbogen aufgelöst, die ihrerseits von größeren, in die Mauer eingelassenen Bogen umrahmt werden und vom Arrangement her an die Bogen des prunkvollen Salons im Palast von Medina Az-Zahra in der Provinz Cordobas, erinnern. Blickfang sind die Säulen mit dunklen und rosafarbenen Schäften, die in vergoldeten Kapitellen, in der Art des Kalifats Cordoba, enden. Die Bogenöffnung, durch die man heute in den Mädchenhof kommt, wurde im XIV. Jahrhundert herausgebrochen, als man diesen ehemaligen maurischen Thronsaal weiterverwendete, indem man um ihn herum den neuen Palast für Don Pedro anlegte."[77]

[76] Murube 1972, 73-74 (vom Autor aus dem Spanischen übersetzt)
[77] Fidalgo 1998, 41-42

Die Hauptbogen, in welche die Hufeisenbogen eingestellt wurden, ruhen auf Pfeileransätzen, die von der Sockelzone der Wand durch leichte Einschnitte hervorgehoben wurden. Diese unterste Zone der Wand ist, wie auch die Sockelzonen des Eingangsbereichs oder des Mädchenhofes, mit Azulejos verkleidet, wobei hier die Muster anders als zuvor gestaltet sind. Keine durchgängige Azulejosdekoration ist mehr zu erkennen, als vielmehr in sich geschlossene Felder mit geometrischen Mustern, die von ebenfalls geometrischen Bändern abgeschlossen werden. Bei diesen Mustern wird die hohe Handwerkskunst der granadischen Baumeister ersichtlich: man hat hier nicht nur Verzierungen mit geradlinigen Fliesen, sondern auch mit gerundeten Fliesen, eingearbeitet. Als stilistische Verbindung zu den anderen Räumen hat man sich allerdings derselben Hauptfarben, wie Schwarz, Weiß, Blau oder Grün bedient. Über der Sockelzone schließt ein Yeseria-Fries, der die bereits bekannten Elemente wie kufische Inschriften und die königlichen Insignien (Kastell und Löwe) zeigen, die unterste Zone ab. Darüber erheben sich nun großformatige Yeseria-Wandflächen, die durch ihre Größe durchaus an Wandteppiche denken lassen. Über Eck gearbeitete Wandpaneele mit dem bekannten Sebka-Muster verbinden optisch die Hauptbögen miteinander. Diese Bögen werden, wie auch die Eckpaneele, von rahmenden Ornamentbändern, Alfizes, zusammengefasst. Dies geschieht sowohl im Kleinen, wie beispielsweise bei den drei Hufeisenbögen, als auch im Großen bei den Hauptbögen. Über die Dreierbögen sind im obersten Bereich der Hauptbögen Gitterfenster eingelassen, die diese Dreiergliederung der Hufeisenbögen wieder aufnehmen.

Über dieser Zone verläuft ein krönender Rundbogenfries, der ebenfalls in Yeseria-Technik gearbeitet wurde. Dabei stehen die Bögen auf kleinen Säulchen, um somit den Eindruck von Stelzbögen zu imitieren. Alternierend dazu sind hier verschiedene Muster in die Flächen, die von den Bögen umrahmt werden, eingelassen. Auch im Gesandtensaal blieb die ursprüngliche Bemalung der Gipspaneele, mit den Hauptfarben Blau und Rot erhalten. Gemeinsam mit den glasierten bunten Fliesen, der marmorierten Farbgebung der Säulen und den bemalten Yeseria-Wandabschnitten, ergibt sich somit ein durch und durch kunstvoller Gesamteindruck. Als würdigen Abschluss ist dieser Raum schließlich noch mit einer Artesonado-Kuppel versehen, die zu den qualitativsten Schnitzarbeiten des Palastes gehört. Diese wurde unter König Juan II. von dessen Zimmermeister, Diego Roiz, 1427 geschaffen.

Eigentümlich und daher nicht recht zu der bisher gesehenen Ausstattung passend, mutet dagegen die obere Wandzone des Gesandtensaales an. Zu diesem ́Stilbruch ́ kam es, da man im 16. Jahrhundert gravierende Umbauarbeiten in dieser Zone vornahm und sie dem Zeitgeschmack dieses Jahrhunderts adaptierte. Dazu Fidalgo: „Während des XVI. Jahrhunderts, genauer gesagt, zwischen 1592 und 1597, schlug man aus den Hochwänden dieses Saales die vier Balkone heraus, die den Saal mit den nächstgelegenen Zimmern des Oberen Palastes verbinden. [...] Zur selben Zeit wurden die Friese der Königsgalerie bemalt und von Diego de Esquivel, zwischen 1599 und 1600, mit gotischen Kapellchen umrahmt. In der Galerie sind die spanischen Monarchen von Rekkeswind bis Philipp III. dargestellt. Demselben Maler verdanken wir die 32 Büsten edler Damen oberhalb des Frieses, die aus dem Jahre 1598 stammen. Wahrscheinlich war es auch derselbe Künstler, der die obere ausschmückende Bemalung vorgenommen hat, die Symbole der spanischen Monarchie im Allgemeinen und die eines jeden einzelnen Königs im Besonderen."[78]

Während also spätere Umbauten eine Zäsur zwischen dem Untergeschoß und der Kuppel vornehmen, leitet in den Zwickeln ein Muqarnas-Gewölbe von der Wand auf die Kuppel über. Von den Stalaktitengewölben in den Zwickeln ausgehend wird dabei über ein Polygon, das ebenfalls aus Stalaktiten besteht, schließlich ein Kreis gebildet, in dem sich die Holzkuppel emporhebt. Die Vergoldung der Muqarnas wird dabei in der Kuppel fortgeführt und verbindet somit Zwickel, Überleitung und Kuppel zu einer großartigen Gesamtkonstruktion. Durch die ineinander verflochtenen goldenen Kuppelrippen entstehen Polygone, Dreiecke und Sterne, wobei Letztere zusätzlich durch farbige Bemalung hervorgehoben wurden,

---

[78] Fidalgo 1998, 43-44

was den Eindruck eines Sternenhimmels auf goldenem Hintergrund verstärkt. Dies ist sicherlich auch die Intention, die mit dieser Kuppel angestrebt wurde: einen Sternenhimmel in den Palast zu bauen. Rund um den zentralen Stern der Kuppel läuft ein Band das nicht mit Sternen, sondern mit den im Palast immer wieder vorkommenden heraldischen Zeichen von Kastilien und Leon versehen ist. Der Vollständigkeit halber sollen an dieser Stelle noch die zwei, den Raum flankierenden, Alkoven erwähnt werden, die sich südlich und nördlich des Gesandtensaales befinden, die sogenannten Alcobas del Salón de Embajadores. „Darüber wurden zwischen 1590 und 1598 die ehemaligen Holzdecken durch neue, mit quadratischen Kassetten und geometrischen Motiven ersetzt, die dem damaligen leitenden Zimmermeister, Martin Infante, zugeteilt wurden. In beiden Nebenräumen wurde von gotischen Meistern etwas unterhalb der Decke ein Fries angebracht, auf dem in Flachreliefs Menschenfiguren, Tiere, Weinblätter, Eichen- und Steineichenlaub, sowie Feigenblätter abgebildet sind."[79]

Betrachtet man abschließend die Provenienz der architektonischen Einzelelemente, so fällt ein starker Zusammenhang zur Palaststadt Madinat al Zahra (beispielsweise im sog. Salón Rico) nahe Cordoba auf. Hier findet sich die Verwendung von drei Hufeisenbögen, die durch eine umlaufende eckige Rahmung zusammengefasst werden, als auch die auch im Gesandtensaal verwendete Zweifärbigkeit bei den Hufeisenbögen. Dass es sich chronologisch um einen Vorläuferbau handelt belegen zahlreiche Inschriften, die in der Palaststadt, als auch explizit im Salón Ricco gefunden wurden: „In der Moschee hat man Reste einer Inschrift gefunden, die 941/42 datiert; den schriftlichen Quellen zufolge ist sie im Jahre 941 von 1000 Arbeitern in 48 Tagen erbaut worden. Drei Daten sind im Bauschmuck des „Salon Rico" gefunden worden, die auf die Jahre 953 bis 957 als seine Erbauungszeit schließen lassen."[80]

---

[79] Fidalgo 1998, 44
[80] Barrucand 2007, 66

Vergleichbar wären hier auch die gestelzten Rundbögen der Mezquita in Cordoba, die ebenfalls auf Säulen ruhend, eine bichrome Farbgebung aufweisen und hier beispielsweise an der Außenfassade zum Einsatz kamen. Als drittes und letztes Beispiel von Vorgängerbauten sei noch der Alcazaba von Cordoba erwähnt, wo diese charakteristische Dreibogenstellung in der Südanlage des westlichen Palastes aus dem 11. Jahrhundert vorkommt.

4.4.11 Infantengemächer (Sala de Infantes)

In den südlichen, und somit öffentlichen Trakt des Palastes, gehört auch die, aus drei Sälen bestehende Raumabfolge der Infantengemächer (Sala de Infantes). Da dieser Baukomplex eines Hauptsaals mit zwei Nebengemächern baugleich zu den im privaten Bereich des Palastes befindlichen Prinzengemächern angelegt ist, soll an dieser Stelle nur kurz auf diese Raumgefüge eingegangen werden. In Bezug auf Gestaltung und Dekor folgen auch diese drei Räumlichkeiten im Großen und Ganzen dem bisher bekannten Schema. Allerdings kommt es hier nun, im Vergleich zum vorher gesehenen Gesandtensaal, zu einer spürbaren Reduktion des Dekors, ohne aber dabei auf die gewohnte Wirkung zu verzichten.
In der Sockelzone mit den Azulejos wurden keine eigenen Felder mehr herausgearbeitet, sondern ein durchgehendes Band von Mustern ziert die Wand. Anders als im Gesandtensaal, wo sich über diese Zone eine Fläche voller Yeserias zieht, bleibt in den Infantengemächern die Wand leer. Sogar auf das - beinahe schon obligatorische - Schriftband mit Lobpreisungen Allahs, unmittelbar über der Sockelzone, wurde hier verzichtet. Durch die großflächige Wandsichtigkeit tritt nun aber der sparsam eingesetzte Stuckdekor umso stärker hervor. Die Yeseria-Paneele sucht man hier vergebens, lediglich als Akzentuierung der Türstürze oder bei Bogenrahmungen findet sich nun die Stuckverzierung.
Eine Eigenheit dieser Räumlichkeiten sind die Blendbögen, die an den Wänden entlanglaufen. Bar jeglicher statischer Funktion dienen sie allein der Gliederung des Raumes. Die Celosia-Fenster über den

Durchgängen oder die „Zinnen", wie man sie in den Schlafgemächern der Maurenkönige gesehen hat, sind als Zitate derselben eingesetzt worden. Nennenswert sind zudem die Mudejar-Decken, durch welche die Räume bedeckt werden. Qualitätsvolle Artesonado-Arbeiten zeigen auch in diesem Trakt des Palastes die meisterhafte Handwerkskunst maurischer Zimmermeister. In der südwestlichen Ecke der Infantengemächer führt ein Durchgang in den Saal mit der Decke Philipps II., der den öffentlichen und den privaten Palastteil miteinander verbindet. Dieser soll daher als adäquate Überleitung von den öffentlichen zu den privaten Räumen dienen.

4.4.12 Saal mit der Decke Philipps II. (Salón del techo de Felipe II.)

Ein durchgehend langrechteckiger Saal schließt den Palast von Peter I. nach Südwesten hin ab, der Saal mit der Decke Philipps II. Der Name des Saales rührt daher, weil unter Philipp II. gegen Ende des 16. Jahrhunderts, von 1589 bis 1591, die Decke neu gestaltet wurde. In streng geometrischer Anordnung wird die Decke durch zahlreiche quadratische Kassetten gegliedert. „Den Entwurf schuf der damalige leitende Zimmermeister des Alcazars, Martín Infante. [...] Aufgrund der langgestreckten Form dieser Decke wurde der Saal auch „Sala de la Media Caña" (Saal der halben Röhre) genannt."[81] Durch den angrenzenden Gesandtensaal, das absolute Zentrum des Palastes, findet man auch hier wieder das System sich steigernden Dekors: sind die Wände und Türen zwar prunkvoll ausgestaltet worden, so ist der Durchgang zum Gesandtensaal, der sogenannte Pfauenbogen (Arco de los Pavones), eindeutiger Kulminationspunkt dieses Raumes und gibt mittels seines reichen Stuckdekors eine Ahnung von der Bedeutung des dahinterliegenden Raumes.
Die im vorigen Kapitel besprochene Dekorgliederung wurde an den Wänden des Saales beibehalten, sogar die Einteilung der Türen und Fenster (Bogendurchgang, mit flankierenden Zwillingsfenstern) findet man hier wieder. Wichtig für den Gesamteindruck dieses Saales ist die Lage desselben, da er zwischen dem Gesandtensaal und dem

---

[81] Fidalgo 1998, 37-38

Prinzengarten liegt, von wo er ausreichend Licht erhält, um auch den Gesandtensaal durch den Pfauenbogen hindurch zu erhellen. Laut Murube ist der Dekor am Pfauenbogen jedoch abweichend vom übrigen, typischen Mudejarstststil des restlichen Palastes gestaltet: "Diese Dekoration zeigt Einflüsse die entfernt und anders sind vom wahren Mudejár-Stil auf der anderen Seite der Palastmauern. Der Grund für diese fremden Einflüsse liegt in den Privilegien und dem Frieden, den die Handwerker, die aus den vielen Ländern der alten spanischen Könige kamen und herangezogen wurden, um die Paläste von Sevilla mit ihrer Handwerkskunst und Kunstfertigkeit noch mehr auszugestalten, hatten. Der persische Einfluss in dieser Dekoration, in dem Flora und Fauna erscheinen, steht in Widerspruch zu den strengen, fast religiösen Mustern der Moslems und zeigt sich deutlich am Pfauenbogen."[82]

Der Pfauenbogen zählt aufgrund seiner reichen Zierde mit vergoldetem Stuck, vergoldeten Säulenkapitellen und den dargestellten Vögeln, von denen er seinen Namen erhielt, zu den prächtigsten Bogengestaltungen maurischer Architektur. Das Element des Dreifachbogens, der durch einen größeren Bogen gerahmt wird, ist auch hier durch cordovanische Vorbilder (Madinat al-Zahra) beeinflusst. Ein weiteres Element, das ebenfalls durch Cordoba beeinflusst wurde, aber auch in der Alhambra zahlreich zum Einsatz kam, ist jenes der alles bekrönenden Celosia-Fenster. Wie auch in der übrigen Palastarchitektur ist hier der rahmende Hufeisenbogen durch Pfeilervorlagen von der Wand hervorgehoben und erhebt sich, gerahmt von langrechteckigen Stuckpaneelen, über die drei kleineren Hufeisenbögen. In den Bogenzwickeln, die durch diesen Bogen ausgeformt werden, befinden sich in heraldischer Anordnung Pfaue, die von Weinranken hinterfasst werden. Durch ihre Körperhaltung passen sich die Pfaue einerseits harmonisch der Dreiecksform der Bogenzwickel an und machen andererseits den Eindruck, als würden sie den Bogen hinaufschreiten.

Nennenswert sind für diesen Bereich, wie im Allgemeinen für die restliche Stuckdekoration des Bogens, die Kontraste zwischen dem

---

[82] Murube 1972, 64 (vom Autor aus dem Spanischen übersetzt)

vergoldeten Gipsstuck und dem weißen Hintergrund. Der bereits genannte Terminus des Horror Vaccui wird an diesem Bogen in Bezug auf den flächenhaft aufgetragenen Stuckdekor wieder greifbar. Keine auch noch so kleine Fläche wurde freigelassen, und wenn, dann um aus Akzentuierung der sie umgebenden Partien zu fungieren. Zu den oben erwähnten Kontrasten tragen allerdings nicht nur vergoldete Ranken oder Vögel bei, sondern auch farbig bemalte Elemente, wie beispielsweise Schriftzüge im Bogen oder dem Türsturz. Die Bemalung dominieren dabei die Farben Rot und Blau.

Unter den drei, auf diese Weise eingefassten, Celosiafenstern befindet sich eine über die gesamte Breite des Bogens gezogene Frieszone, die das Vogel-Ranken-Motiv wieder aufnimmt. Auch hier sind, ähnlich den beiden großen Zwickeln des Hauptbogens, Vögel auf runden Pflanzenranken angeordnet. „Diese Motive wurden durch orientalische Stoffe inspiriert, die als Geschenke der Gesandten aus dem Fernen Osten am Hofe von König Peter I. eingetroffen waren."[83] Bei der Frieszone, die den gesamten Saal in der oberen Wandzone umläuft, wurde stilistisch der Versuch unternommen, an die maurischen Elemente der Mudejardekoration anzuknüpfen. So bediente man sich hier der gleichen Farbgebung wie an den darunter befindlichen Stuckpaneelen und griff auch die Form von Trompen auf, um von der geraden Wand auf die gewölbte Decke überzuleiten. Trotz ihrer stilistischen Strenge ergibt sich dennoch ein interessanter Kontrast der beiden Epochenstile Renaissance und Mudejar.

[83] Fidalgo 1998, 39

4.4.13 Saal mit der Decke der Katholischen Könige (Cuarto del techo de los Reyes Católicos)

Bevor nun das Zentrum des privaten Palasttraktes, der sogenannte Puppenhof, zur Untersuchung kommen wird, soll der Saal mit der Decke der katholischen Könige als Überleitung fungieren. Es handelt sich bei diesem Saal um einen der kleineren Säle des Mudejarpalastes, wobei der Grundriss einem Quadrat folgt. Angrenzend an den oben erwähnten Saal mit der Decke Philipps II., liegt er mit diesem an der westlichen Außenseite des Palastes und ist durch einen Zugang sowohl mit dem Saal, als auch dem Puppenhof verbunden. Ähnlich wie die Raumabfolge der Infantengemächer, ist auch der Saal mit der Decke der Katholischen Könige in eine Raumflucht von drei Komplexen eingegliedert: auf diesen folgen im Anschluss der Puppenhof und der sogenannte ´Raum der verlorenen Schritte´. Seinen Namen erhielt dieser Saal durch die Decke, die, wie der Name bereits ankündigt, zur Zeit der katholischen Herrschaft errichtet wurde. Die Decke, die durch Flechtbandornamentik geometrische Muster formt, wird von einem breiten Band, das mit heraldischen Wappen versehen ist, getragen. Im Zentrum der Decke befindet sich der für diese Decke charakteristische goldene Stalaktitzapfen. Für die vorliegende Forschung relevant sind allerdings die maurischen Elemente, sprich die Yeseria- und Azulejoverzierungen im unteren Bereich des Saales. Da diese, im Vergleich zu anderen Räumlichkeiten des Palastes, hier sparsam eingesetzt wurden, sollen nur die wichtigsten Elemente erwähnt werden. Dazu gehört der Zwillingsbogen, der den Blick in den Garten gewährt, oder auch der Durchgang in den
Puppenhof. Beide Bauelemente sind mit krönenden Yeserias versehen, unten verläuft dagegen ein Sockelband aus Azulejos.
Von Bedeutung ist dagegen der Fußboden, der zu den wenigen erhaltenen Originalböden des Mudejarpalastes gehört. Auf die Besonderheit dieser Tatsache verweist auch Fidalgo, wenn er schreibt: „Besonders hervorheben möchten wir die Bedeutung des Fußbodens aus Backstein und kleinen Bodenkacheln, „Olambrillas", und einer Umrandung aus glasierten Fliesen; denn es ist einer der wenigen heute

noch erhaltenen Originalböden."[84] Wesentlich schmuckvoller, im Gegensatz zum Cuarto del techo de los Reyes Catolicos, ist dagegen der nächste Trakt des Palastes, der Puppenhof (Patio de las muñecas).

4.4.14 Puppenhof (Patio de las muñecas)

Ein Pendant zum Mädchenhof im öffentlichen Komplex des Mudejarpalastes bildet der Puppenhof (Patio de las muñecas) für den privaten Wohnbereich - trotz seiner wesentlich geringeren Ausmaße. Seinen Namen erhielt der Hof aufgrund seiner kleinen, aus den Kämpferkapitellen herausgearbeiteten Köpfe, die an Puppen erinnern. „Dass er in äußerst granadischem Stil angelegt ist, offenbart sich in den gestelzten Rundbogen und in dem asymmetrischen Gleichgewicht seiner schmaleren Seiten. Hier wechseln sich grau- mit rosaschäftigen Säulen ab, auf denen zartgliedrige Kapitelle im Stil des Kalifats sitzen. Es heißt, sie seien von König Al-Mutamid von Cordoba nach Sevilla gebracht worden. Im XIX. Jahrhundert erfuhr der Hof durch den Architekten Rafael Contreras beachtliche Veränderungen. Es wurde ein Zwischenstockwerk eingezogen und eine historische Galerie in der oberen Etage angelegt; darüber erhebt sich ein Glasdach. Die "Yeserias" an diesen hinzugefügten Teilen entstanden durch Abgüsse von Stuckverzierungen in der Alhambra von Granada. Im Originalzustand befindet sich also nur noch das Erdgeschoß dieses Hofes."[85] Wie in anderen Palastkomplexen, dürften auch die Säulen dieses Hofes aus Spolien, aus der Palaststadt Madinat al-Zahra bestehen. "Die Säulenreihen, die die Arkaden bilden, haben kleine dekorative Kapitelle, jedes davon unterschiedlich in diesem Hof und eine wertvolle Sammlung aus verschiedenen Stilen und Epochen bildend. Einige von diesem besitzen arabische Inschriften, die ihre Herkunft aus dem Cordoba zur Zeit des Kalifats bezeugen."[86]

---

[84] Fidalgo 1998, 36
[85] Fidalgo 1998, 32-33
[86] Murube 1972, 74

Die gestelzten Bögen dieses unteren Bereiches lassen sich mit denen des Myrten- oder des Löwenhofes in der Alhambra vergleichen. Das Motiv gestelzter Rundbögen kommt weiters im sog. Partal der Alhambra vor, wo man auch die über den Säulen fortlaufenden Pilaster wiederfindet. Der bereits mehrfach erwähnte Kontrast zwischen den vorgelagerten Bogenstellungen und der dahinter befindlichen Wand kommt nun wieder zum Tragen. Die Wandzone ist im untersten Bereich wieder mit Azulejos ausgekleidet, wobei diese Zone alternierend gestaltet ist: jeder Wandabschnitt erhielt dabei ein eigenes geometrisches Muster, das unten und oben von je einem Zackenfries begrenzt wird. Über dieser Zone erhebt sich, bis unter die Decke, eine leere weiße Wandfläche, die den eben angesprochenen Kontrast zu den ihr vorgelagerten Bögen bildet. In dieser hinteren Wandzone des Hofes hat man die Ausschmückung mit Yeserias sehr zurückhaltend eingesetzt, da sich diese lediglich über den Türstürzen befinden. Die Bögen, durch welche die Durchgänge gebildet werden, sind in ihren Laibungen und Zwickeln mit Yeserias im Atauriques-Muster gestaltet. Ein eckiger weißer Streifen trennt diese Bereiche von den rahmenden seitlichen Stuckpaneelen, in die kalligraphische Schriftzeichen eingelassen sind. Über dem Türsturz befinden sich waagrechte Stuckpaneele mit ornamentalen Mustern. In der darüber befindlichen Zone sind je drei Celosiafenster eingelassen, die denen des Gesandtensaales ähneln. Die Zonen zwischen den Fenstern werden dabei von Sebkamustern, Ornamentalmustern oder Blendbögen gefüllt. Trotz dieser qualitätsvollen Arbeiten bleibt die hintere Zone des Hofes, im Vergleich zu den Bögen vorne, unauffällig. Dazu tragen nicht nur die bunten Säulen und schön ausgearbeiteten Kapitelle bei, sondern vor allem die Fläche, die von den Bögen gegliedert wird. Man ist hier in gewisser Weise an die Wanddekoration des Patio del Yeso erinnert, wo sich bereits zu Anfang das Motiv eines hochgestellten Mittelbogens mit flankierenden Seitenbögen zeigte. Auch im Puppenhof findet man dieses Motiv wieder, wobei der Durchbruch der über den Bögen befindlichen Wandzone nicht von kleinen Bögen, sondern nur scheinbar durch ein Sebkamuster gebildet wird. Zwischen diesen

Zonen mit Sebkamuster und den Bogenzwickeln der großen Hauptbögen ziehen sich senkrechte Yeserias mit Inschriften nach oben. Diese reichen dabei bis zum Gesims und verstärken somit die Gliederung der Wand durch die Bögen. Einen unscheinbaren, aber dennoch wirkungsvollen Effekt auf den Gesamteindruck haben auch die Säulen, die sich in den Ecken durch eine andere Farbgebung und eine fehlende Basis von denen der Mittelzone abheben.

Zusammengefasst wird dieser untere Bereich des Hofes durch eine umlaufende Frieszone mit Muquarnaselementen, die sich über die Bögen spannt. Hier imitierte man, mit Hilfe kleiner Blendbögen, die auf Säulchen gestellt wurden, Celosiafenster. Die von den Blendbögen umgebene Fläche wird hier durch ein geometrisches, an Flechtwerk erinnerndes Muster gefüllt. Diffizil ausgeführt wurden auch die Zwischenbereiche der Bögen, die in Art und Form an gestelzte Rundbögen erinnern, wobei deren Interkolumnien mit Blumenrosetten versehen wurden. Die über den Blendbogen entlanglaufende Zwickelzone ist dabei ebenfalls durch ornamentale Yeseriamusterung verziert.

Über dieser eben genannten Frieszone endet die in maurischer Zeit errichtete Bausubstanz des Mudejarpalastes und wird von jener des 19. Jahrhunderts fortgesetzt. Hierzu muss man anmerken, dass dieses Bauvorhaben so detailliert durchgeführt wurde, dass man auf den ersten Blick nicht erkennen kann, dass es sich um spätere Zubauten handelt - sofern man das Glasdach außer Acht lässt. Dabei nimmt die oberste Zone, also das Geschoß über der Galerie, Elemente der unteren Hofzone wieder auf. So verwendete man hier die Einteilung der Stelzbögen, die mit Sebkamuster ausgestalteten Bogenflächen und sogar die Einteilung der hinteren Wandfläche wieder. Ungewöhnlich, und daher als ein Verweis auf spätere Umbauten, mag die enorme Höhenwirkung des sonst recht kleinen Hofes wirken, was absolut atypisch für maurische Bauten ist. Auch bei den Vergleichsbauten maurischer Architektur sucht man solch eine enorme Höhentendenz vergeblich. Abgesehen von den Umbauten aus dem 19. Jahrhundert handelt es sich bei diesem Hof um einen der wichtigen und zentralen Bauteile des Mudejarpalastes.

4.4.15 Prinzengemächer (Cuarto del Principe)

Die nordwestliche Ecke des Palastes wird von den sogenannten Prinzengemächern abgeschlossen. „Die Bezeichnung Prinzengemächer erinnert an den 1478 in diesem Alcazar geborenen Prinzen Juan, den Erben der katholischen Könige. Er starb jung und erstickte damit die Hoffnung, dass er in direkter Nachfolge das spanische Königsgeschlecht fortführen würde, was dann Karl V. aus der Habsburger Linie tat, der Enkel Isabellas und Ferdinands."[87] Die Prinzengemächer gliedern sich in eine Raumabfolge von drei Gemächern, wobei der mittlere, durch einen Durchgang mit dem Puppenhof verbunden, am meisten Platz in Anspruch nimmt.

Durch den zum Puppenhof führenden Bogen und ein in späterer Zeit zum Jagdhof durchgebrochenes Fenster ist er zugleich der hellste Raum in diesem Komplex. Auch hier wurde der Versuch unternommen, den späteren Umbau stilistisch an die Mudejarsubstanz anzupassen. So versah man die Fensterlaibung mit Yeseria-Paneelen, die im Gegensatz zur restlichen Ausstattung der Räume nicht bemalt wurden. Der übrige Raumdekor folgt den bekannten Schemata mit Azulejos-Sockelzone unten, weißer Wand in der Mitte und Yeseria-Abschluss oben. Wie bei den anderen Palasträumen mit untergeordneter Funktion, wurde der von Yeserias auch hier auf die Akzentuierung der Bögen begrenzt. Durch die zusätzlich farbige Bemalung in Rot und Blau heben sie sich dadurch noch stärker von der übrigen weißen Wandzone ab. Die Bögen, die auf Wandpfeilervorlagen ruhen, überspannen die gesamte Breite des Raumes. In die Bogenzwickel sind Atauriques und runde Medaillons mit arabischen Schriftzeichen eingelassen. Rechteckige, senkrecht aufragende Yeserias mit ornamentalen Mustern und roter und blauer Bemalung rahmen die Bögen. Bogen und Pfeilerfortsatz werden dabei an den äußersten Rändern von Schriftbändern, mit arabischen Schriftzeichen, gerahmt.

---

[87] Fidalgo 1998, 34

Die bis jetzt genannten Ausstattungsmerkmale, wie Azulejossockelzone, glatte Wand und sparsam eingesetzte Yeseria-Elemente sind allen drei Räumen gemein. Wesentlich unterschieden werden sie erst durch ihren Raumabschluss, durch die Artesonado-Decken. Von diesen sind zwei original erhalten geblieben, die dritte - im nordwestlichsten Eck des Palastes befindlichen Raum - dagegen ist zur Zeit der Renaissance entstanden. „Ihr Schöpfer war Juan de Simancas, 1543 der leitende Zimmermeister des Alcazars. [...] Es handelt sich um eine quadratische Artesonado-Decke, sehr reich mit bunten Farben bemalt, aus gleichförmigen Kassetten und Flechtwerk mit verschiedenen Mustern, jeweils mit einer ´Piña de Mocárabes´ (Stalaktiten-Zapfen) in der Mitte, wobei die einzelnen Kassetten durch Profilleisten in der Art platereker Baluster voneinander getrennt sind."[88] Zwischen der Holzdecke, und nach unten hin durch einen Stab abgetrennt, verläuft rundum ein Fries, der - gleich wie die Holzdecke - vergoldet und bemalt wurde. Der Fries im platereskem Stil, der für die spanische Renaissance seit Beginn des 15. Jahrhunderts bedeutend wurde, zeigt Tiere und Menschen, die in heraldischer Anordnung Wappen vor sich tragen. Im Hauptsaal verhält es sich dagegen anders: hier ist die originale Artesonado-Decke erhalten geblieben, die sich dadurch stilistisch von jener aus der Renaissance abhebt. ´Getragen´ wird diese Decke von einem Fries, das stark an jenes vom Puppenhof erinnert: Blendbögen aus Trompen bilden dabei eine Abfolge muquarnas-ähnlicher Arkaden. Diese ´Muquarnas-Arkaden´ werden von kleinen Rundbögen, ebenfalls aus Blendbögen bestehend, ausgeformt. Haupt- wie Zwischenbögen ruhen auf kleinen Halbsäulchen, die sich über einem Schriftband aus kalligraphischen Schriftzeichen erheben. Die Frieszone folgt dabei der gleichen Ausgestaltung, wie bereits für die Bogenzwickel angesprochen: Rote und blaue Farbe wechselt mit weißem Gips kontrastreich ab. Über diesem Fries befindet sich ein breites vergoldetes Gesims, über dem sich schlussendlich die Artesonadodecke erhebt. Geometrisches Flechtwerk überzieht die Decke und bildet dadurch Oktogone, Sternformen oder Polygone aus. Stilistisch erinnert die Gestaltung

[88] Fidalgo 1998, 36

dieser Decke an die geometrischen Muster der Azulejosdekorationen, da auch dort durch das Zusammenfassen verschiedenster Muster, große zusammenhängende Flächen, oder aufgrund eines anderen Betrachtungswinkels, kleine, in sich geschlossene Muster und Formen entstehen. Charakteristisch für diese Artesonado-Decke sind die hängenden vergoldeten Schlusssteine, die allerdings keinerlei statische Funktion besitzen, somit rein dekorativen Zwecken folgen. Mit einem Oktogon als Grundform, gehen sie in Stalaktiten über. Optisch verbunden werden sie mit der Decke und dem Gesims unmittelbar darunter durch ihre Vergoldung - wobei auch die Flechtbandelemente vergoldet wurden. Die Flächen dazwischen hat man farbig ausgemalt und somit eine Verbindung zu den Yeserias der Wandzone geschaffen.

Ebenfalls der Mudejar-Kunst zugehörig ist die Artesonado-Decke des dritten Raumes. Über dem quadratischen Grundriss des Raumes erhebt sich eine oktogonal gewölbte Decke, die durch vergoldete Stalaktiten in den Ecken getragen wird. Unter dem Oktogon verläuft rund um den Saal eine Frieszone mit aufgemalten Wappen von Kastilien und Leon.

Die Decke selbst wird auch hier durch Flechtwerk verziert, wobei Vergoldung und Bemalung nun sehr zurückhaltend eingesetzt wurden. Das im Hauptsaal vorherrschende Sternmotiv auf der Decke begegnet auch hier wieder, wobei an dieser Decke nur noch ein Stalaktit-Schlussstein, nämlich im Zentrum der Decke, zum Einsatz kam. Stilistisch kann diese Decke mit jener des Gesandtensaales verglichen werden, da schließlich auch dort eine Decke das Himmelsgewölbe zu imitieren versucht. Im direkten Vergleich zu diesem sind aber hier die Sterne vergoldet, nicht bemalt. Auch der Hintergrund ist in seiner monochromen Farbgebung differenziert gestaltet. Beiden Artesonado-Decken ist aber sicherlich die Intention gemein, einen Sternenhimmel, weitergefasst das Universum, in den Palastsaal zu integrieren.

Anschließend an die Prinzengemächer befindet sich ein Raum, dem in Bedeutung und Größe eine untergeordnete Rolle zukommt. Dieser Raum, der nur der Vollständigkeit halber erwähnt werden soll, wird Raum der verlorenen Schritte (Cuadra de pasos perdidos) genannt.

Auch in diesem Raum wurde unter den katholischen Königen die Decke im Zuge von Umbauarbeiten erneuert.

4.4.16 Oberer Palast

Wie auch im Untergeschoß des Palastes Peters I. sollen in dieser Arbeit nur die für den Mudejar-Stil relevanten Räumlichkeiten angesprochen werden. Der Großteil des oberen Palastes ist in späterer Zeit, hauptsächlich jedoch in der Epoche der katholischen Könige, umgebaut worden. Erschwerend für die Forschung ist zudem, dass der obere Palast für Besucher komplett gesperrt ist, da sich dieser Trakt auch heute noch im Besitz der königlichen Familie befindet und bei Besuchen der Stadt Sevilla als Residenz genutzt wird. In reiner Mudejar-Kunst blieb im Obergeschoß nur der sogenannte Audienzsaal erhalten, alle anderen Räumlichkeiten lassen zwar anhand ihrer Bausubstanz einen maurischen Einfluss erahnen (beispielsweise anhand von Hufeisenbögen), sind jedoch durch spätere Umbauten so weit verändert, dass man sie für eine Abhandlung über maurische Architektur nicht mehr in Betracht ziehen darf. Doch zurück zum Audienzsaal: „Er und das sogenannte Schlafgemach von König Peter waren die beiden einzigen Räume, die während des XIV. Jahrhunderts im Oberen Palast im Mudejar-Stil gebaut wurden. Der Audienzsaal ist ein rechteckiger Raum in der Mitte der Fassade des Oberen Palastes und hat eine enge dreibogige Galerie, die den Bereich der auf den Jagdhof hinausgehenden Fenster vom restlichen Raum abgrenzt." [89] Charakterisiert wird der Audienzsaal durch je drei Bogennischen pro Seite, wobei der mittlere Bogen, ähnlich denen des Puppenhofes, der höchste ist. In diese hohen Blendbögen sind Bogendurchgänge in die angrenzenden Zimmer eingelassen. Zusätzlich zu den Bogennischen gliedern verschiedenfarbige Säulen, mit wiederverwendeten und vergoldeten Kapitellen aus Cordoba, den Raumeindruck. Durch den rechteckigen Grundriss bedingt, sind zwar die mittleren Interkolumnien gleich breit, die der seitlich flankierenden Bogennischen jedoch unterschiedlich.

[89] Fidalgo 1998, 48

In Bezug auf die Ausstattung erinnert dieser Saal an den Gesandtensaal im Untergeschoß, da auch hier die gesamte Wandzone mit Yeserias regelrecht überzogen wurde und somit kein noch so kleines Stück der Wand preisgibt. Dieses Schema beginnt bereits in der untersten Wandzone, wo in typisch islamischer Manier vor der obligaten Azulejos-Zone, gemauerte Sitzbänke vorzufinden sind. Diese unterste Sockelzone wird von einem Friesstreifen mit alternierend islamischen Schriftzeichen und den königlichen Insignien von Kastilien und Leon abgegrenzt. Darüber erhebt sich nun die in ihrer Fülle kaum überschaubare Wandfläche mit Yeseria-Paneelen.

Die Hauptbögen werden dabei unmittelbar an der Kämpferzone von einem eckigen Stuckpaneel gerahmt, das wiederum von einem Streifen kalligraphischer Inschrift umzogen wird. Über den direkten Bogendurchgängen befinden sich je drei Celosia-Fenster, die allerdings nicht durchbrochen sind, sondern als „Blendbogenfenster" ausgeführt wurden. Ähnlich dem Pfauenbogen umfasst diese Zone eine Bogennische, die über den beiden den Durchgang flankierenden Säulen beginnt. Wie bei den bereits gesehenen Beispielen, wie Pfauenbogen oder Puppenhof, rahmen auch hier über den Kämpferplatten senkrecht aufsteigende Yeseria-Paneele die Hauptbögen. Diese Zonen sind mit ornamentalen Mustern in Form von Atauriques, die sich auch in den Bogenzwickeln wiederfinden, versehen.

Eine Besonderheit im Baudekor dieses Raumes sind die kleinen Trompenansätze an der Innenseite des Bogens, wodurch er scheinbar gestützt wird. Die Trompen kommen zudem an der Wandzone, die von den kleineren Seitenbogen überspannt wird, zum Einsatz. Über den Seitenbogen findet sich, wie auch bei den anderen Bogenstellungen im Palast, das Sebka-Muster wieder. Auch diese Zone mit dem Sebka-Dekor wird von senkrecht aufragenden Yeseria-Paneelen flankiert. Die Zone der Haupt- und Seitenbögen wird nach oben hin von einer Frieszone mit islamischen Schriftzeichen und runden Medaillons abgeschlossen, bevor sich darüber abermals eine Zone mit Yeserias erhebt.

Auch diese ist in Form von Atauriques gestaltet. Wie auch im unteren Teil des Palastes, beschränkt sich die Bemalung auf die Hauptfarben Blau und Rot, die in Kontrast zu den weiß belassenen Gipsstuckaturen treten. „Das Ganze wird von einer Artesonado-Decke mit Entrelacs gekrönt. Außerdem ist hier auch noch der ursprüngliche Bodenbelag aus Backstein und „Olambrilla" erhalten."[90]

5. Provenienz und Vergleichsbeispiele für die beim Real Alcazar verwendeten Architektur- und Dekorformen

Dieses Kapitel soll als Untersuchung dienen, die bis jetzt für die maurische Architektur herausgearbeiteten relevanten Ausstattungsmerkmale und Dekorelemente mit anderen Bauwerken maurischer Architektur zu vergleichen, und dadurch eine Provenienz der einzelnen Elemente zu finden, um diese anschließend in den Gesamtkontext einfügen zu können. Neben den bekanntesten maurischen Bauwerken wie der Giralda von Sevilla, der Alhambra von Granada oder der Ruinenstadt Madinat al-Zahra, sollen auch unbekanntere Bauwerke zu dieser Untersuchung beitragen. Ausgewählte Werke sollen vorgestellt, untersucht und anschließend die verbindenden Charakteristika zum Mudejarpalast von Peter I. aufgezeigt werden.

Die Frage die sich hier stellt, ist die der Herkunft von Architektur- und Dekorelementen:
- Wie weit reicht die Kontinuität römischen oder westgotischen Formenguts?
- Wie stark beeinflussten aus dem Vorderen Orient mitgebrachte Formen die Baukunst Andalusiens zur Zeit der Mauren?
- Was sind die genuin andalusischen Charakteristika, beziehungsweise welche Formen gehören zum „Grundwortschatz" maurischer Architektur?

---

[90] Fidalgo 1998, 49

5.1 Die Mezquita von Cordoba

Bereits seit der Zeit der arabischen Eroberung Spaniens - erinnert sei an das Jahr 710 mit der Landung arabischer Truppen unter Tarif ibn Malik - entstanden in al Andalus zahlreiche islamische Bauten, die heutzutage fast gänzlich verschwunden sind. So gab es beispielsweise nicht einmal zehn Jahre nach der Eroberung bereits Moscheebauten in Zaragoza und Elvira.[91] Jedoch weiß man über diese ersten islamischen Bauten auf der iberischen Halbinsel relativ wenig. Bessere Kenntnisse hat die Forschung von einem der berühmtesten andalusischen Bauten, der Großen Moschee von Cordoba, der Mezquita. Der Bau der Mezquita ging in vier großen Bauphasen vonstatten: ab 785 unter Abd ar-Rahman I. die Errichtung der Moschee, unter Abd ar-Rahman II. (833-848) die Erweiterung des Betsaals, ab 961 eine Vergrößerung (und Erbauung von Madinat al-Zahra) durch Abd ar-Rahman III., und schließlich der letzte Ausbau durch al-Mansur, dem Minister von Hisam II., von 987-988.

Die späteren Um- und Anbauten nahmen jedoch immer Bezug auf die früher entstandene Bausubstanz, weshalb der Initialbau, jener Abd al-Rahmans I., eine für die in Folge entstehende maurische Architektur nicht zu unterschätzende Vorbildwirkung hatte. Dieser Initialbau maurischer Architektur wurde derart maßgebend für die zukünftigen Bauwerke, dass es sich an dieser Stelle anbietet, einen Blick auf die Provenienz der bereits am ersten Bau verwendeten Architekturformen zu werfen. Wie wir sehen werden, sind diese frühesten Elemente auf der gesamten iberischen Halbinsel zum Einsatz gekommen, bei arabischen, wie auch bei christlichen Bauwerken wie dem Real Alcazar Peters I.

Eines der charakteristischen Elemente maurischer Architektur zeigt sich bereits in der Gesamtanlage des Bauwerks: die Einheit verschiedener Baukörper und verschiedener Architekturformen. Einen fundierten Einblick über die Provenienz der einzelnen Bauelemente liefert Ewert, wenn er schreibt: „Hauptmoschee und Regierungspalast (dar al-imara) waren in zwei der frühesten mesopotamischen

---

[91] vgl. Barrucand 2007, 39

Militärstädte, in Kufa und Wasit eine funktionale und bauliche Einheit. [...] Der Langschiffsaal der Gründungsmoschee ist Import der aus Syrien eingewanderten Dynastie. Er ist in der al-Aqsa-Moschee in Jerusalem vorgebildet."[92] Die These Ewerts über die Provenienz aus Syrien, beziehungsweise die Vorbildwirkung der al-Aqsa-Moschee bestätig Giese in ihrer Abhandlung über die Kanonisierung des westislamischen Sakralbaues, wenn sie schreibt: „Vieles weist im Cordobeser Gründungsbau ins ostumaiyadische Syrien. So auch der Grundriss des zwölf Joche tiefen Betsaals. Wie in der ostumaiyadischen Moschee von Damaskus, zeichnet sich der Cordobeser Betsaal durch ein breites und überhöhtes Mittelschiff aus. Anders als dort aber, sind in Cordoba in Anlehnung an die ebenfalls umaiyadische al-Aqsa-Moschee von Jerusalem senkrecht auf die Qibla zulaufende Längsschiffe angelegt."[93] In Bezug auf den Grundriss der Moschee sei ein Vergleich mit der almohadischen Moschee von Tinmal in Südmarokko (ab 1153), als auch mit der Großen Moschee von Kairuan in Tunesien (ab 836) erwähnt. Einen Maßstab für die maurische Architektur allgemein setzten auch die für die Mezquita prägenden Bogenstellungen und deren Gestaltung im Inneren des Betsaales. Laut Gomez–Moreno geht die Gestaltung der Bogen auf die mehrgeschossige Anordnung römischer Aquäduktarchitektur zurück.[94] Bereits bei der frühesten Anlage der Mezquita kommen die genuin maurisch-andalusischen Hufeisenbögen zum Einsatz, die auch aufgrund der bichromen Keilsteine charakteristisch für diesen Bau, als auch, wie wir sehen werden, für zahlreiche Folgebauten wurden. Diesen alternierenden Schichtwechsel roter Ziegel und weißer Keilsteine finden wir auch in Syrien und er wurde auch auf der iberischen Halbinsel bereits vor der islamischen Eroberung eingesetzt, ist somit also nicht erst durch die arabischen Baumeister nach Spanien gekommen. Eine Übernahme dieses Formengutes findet man somit auch in zahlreichen Durchgängen des Palastes Peters I., wie zum Beispiel beim Gesandtensaal.

[92] Hänsel und Karge 1992, 32
[93] Gise-Vögeli 2006
[94] vgl. Hänsel und Karge 1992, 32

Allgemein kann man zu diesem bei der Moschee von Cordoba vorkommenden architektonischen Vokabular mit Ettinghausen und Grabar festhalten: „The question of origins is a difficult one. Although the history of Iranian methods of construction in the first Islamic centuries is almost totally unknown, the late-eleventh- and twelfth-century monuments with which Cordova is compared show a similar attitude toward forms rather than the same architectural and decorative motifs. With respect to the polylobed arches, it is questionabel whether Spanish builders would have transformed oriental decorative shapes into forms of construction, when in most instances the evolution runs in the opposite direction. Therefor, within the present state of knowledge, the arches and vaults of Cordova are more likely to be local Spanish developments which began with the double tiers of arches in the mosque of 784, while at the same time the relationship between construction and decoration at Cordova finds equivalents in other parts of the Islamic world."[95] Wie der Gründungsbau der Moschee von Cordoba, so ist auch ein einzelnes Eingangstor dieses frühesten Baues zu einem Vorbild späterer architektonischer Rezeptionen geworden, nämlich das „Stefanstor", auch „Tor der Wesire" genannt. Man findet hier einen durch alternierende Keilsteine gebildeten Hufeisenbogen vor, der durch einen Alfiz umrahmt wird und nach oben hin ursprünglich durch ornamental gestaltete Friesplatten abgeschlossen wurde. An der obersten Wandzone kann man ein Architekturelement sehen, das an der Hauptfassade des Palastes Peters I. in wesentlich prachtvollerer Gestaltung wiederkehrt, nämlich das nach außen hin vorkragende Dach.

Aufgrund der Bausubstanz, in der sich das Stefanstor befindet, ist davon auszugehen, dass es sich dabei um ein Bauelement aus frühester Zeit der Moschee handelt, ja sogar Bestandteil des Gründungsbaues aus dem 8. Jahrhundert ist. Wichtig ist das Tor der Wesire aus einem besonderen Grund: die Anordnung des Baudekors folgt bei den später entstandenen Toranlagen und Durchgangsbögen exakt diesem frühesten Vorbild arabischer Architektur in Spanien.

---

[95] Ettinghausen und Grabar 1987, 137

Bereits bei diesem Frühwerk aus dem 8. Jahrhundert wurden also die Formen ausgebildet, die für zahlreiche Bauwerke folgender Jahrhunderte so maßgebend blieben. Die Rezeption der architektonischen Einteilung dieses Tores zeigt sich im Vergleich mit den Bogenanordnungen im Palast Peters I.: Ob es nun die Durchgangsbögen zu den Schlafgemächern der Könige, die Bögen des Gesandtensaales, oder der wesentlich schmuckvoller ausgestattete Pfauenbogen sind - in der Grundkonzeption folgen diese Bögen dem Stefanstor der Großen Moschee von Cordoba. Bei diesem Tor kommt auch bereits das Element des oberen Abschlusses anhand eines überkragenden Vordaches zum Tragen – ein Element, das beim Eingang zum maurischen Palast in Sevilla vorkommt, nämlich als Bekrönung der Hauptfassade. Aufgrund des Einsatzes an solch einer prominenten Stelle am Bauwerk, erfährt das Vorbild aus Cordoba hier durch Stalaktitentrompen und ornamentale Ausschmückung eine wesentlich prächtigere Gestaltung und zeigt somit, wie die cordobanische Vorgabe vom 8. Jahrhundert bis ins 14. Jahrhundert weiterentwickelt wurde.

Eine cordobanische Weiterentwicklung in Bezug auf Dekorschmuck zeigt sich am Mihrab der Großen Moschee, der die gleichen Stilelemente wie das Stefanstor aufweist: Hufeisenbogen, verschiedenfärbige Keilsteine und rahmender Alfiz. Zudem wurde hier, da es sich schließlich um das Heiligste der Moschee handelt, Wert auf die Ausstattung gelegt, die durch Mosaiken byzantinischer Mosaizisten eine ungeheure Nobilitierung erfährt.[96] Bereits bei dieser Anlage findet sich die für spätere Zeiten verbindliche Gliederung der Mittelzone, mit dem eigentlichen Durchgang und den beiden flankierenden Seitenteilen.

Auch die Trennung des Bogens mit der darüber befindlichen Wandzone anhand eines Türsturzes gelangte hier bereits zum Einsatz.

Zusammenfassend kann man also festhalten: Hufeisenbogen, alternierende Keilsteine, rahmender Alfiz, Trennung des Bogens und der Wand durch einen Türsturz, all dies sind Elemente, die von da an zum Grundvokabular maurischen Baudekors zählten.

---

[96] vgl. Hänsel und Karge 1992, 35

Die ornamentalen Felder mit Rankenwerk sind „Importe aus dem umayyadischen und vorumayyadischen Vorderen Orient."[97] Wie in der Abhandlung von Barrucand über die Provenienz der Stilelemente richtig erwähnt wird, handelt es sich bei den oben genannten Formen hauptsächlich um Einflüsse aus dem Vorderen Orient. Die Übernahme dieser Formen bestätigt sich auch anhand der Stilsicherheit, mit der diese Elemente in die Bauten integriert wurden. Es sei daran erinnert, dass man von Anbeginn der maurischen Architektur eine gewisse Souveränität an den Bauten erkennen kann. Nichts zeugt hier von einer Unsicherheit oder einem Experimentieren bei der Errichtung maurischer Bauwerke. „L´islam arabe, religion sans art", überschrieb Henri Terrasse die Situation ganz richtig. In der Tat verfügten die arabischen Nomaden, wie nach ihnen die Almoraviden und Almohaden, über eine eigene Religion, den noch jungen Islam, eine eigene Baukunst aber konnten sie nicht vorweisen. Und so bedienten sie sich der Architektur der eroberten Gebiete."[98] Durch eine Übernahme vorhandener regionaler Architektur- und Dekorformen, kam es zu einer genuin andalusischen Ausprägung, die aus dem Schmelzprozess der Kulturen hervorgegangen ist. (vgl. Kap. 3.1.2.) Wie bereits erwähnt, fanden die arabischen Einwanderer sowohl römisch-iberisches, als auch westgotisches Formenvokabular vor, das sie zu einer typisch maurischen Architektursprache zu verbinden wussten, wie man es beispielsweise anhand des Baudekors erkennen kann. In der Forschungsliteratur finden sich oftmals Hinweise auf die Wichtigkeit syrischer Einflüsse. Diese Einflüsse relativieren sich jedoch wieder, wenn man das enorme antik römisch-iberische Erbe betrachtet.

Bei vielen der wichtigsten Bauwerke der arabischen Architektur Spaniens kommen schließlich zahlreiche Säulenschäfte als Spolien zum Einsatz. Bei den Säulenkapitellen handelt es sich ebenfalls durchwegs um Spolien römischer und westgotischer Provenienz. Wesentliches Merkmal dieser Spolien ist die fehlende Tiefe in der Bearbeitung. Die westgotischen Kapitelle folgen dabei der

---

[97] Barrucand 2007, 43
[98] Giese-Vögeli 2006

Art des korinthischen Kapitells, wenngleich die Voluten und Akanthusblätter kaum in den Raum ausgreifen. Den flächenhaften westgotischen Kapitellen wurde die Schöpfung eigener Kapitelle, die in der Literatur oft als ´Cordobakapitell´ oder ´Emirales Kapitell´ bezeichnet werden, entgegengesetzt. Man bediente sich dabei zwar dem westgotischen Vorbild, erzielte aber durch exzessiven Bohrereinsatz eine Plastizität, die deutlich vom Vorbild abweicht.
Obwohl das Ausgreifen der Kapitellbestandteile, wie Voluten und Akanthusblätter, auch bei dieser Kapitellform nicht sonderlich ausgereift ist, entsteht durch das mit dem Bohrer erzielte Licht-Schattenspiel ein wesentlich stärkerer räumlicher Tiefeneindruck und damit eine regelrechte Vitalität. Auch durch diese Begebenheit zeigt sich, dass der Palast Peters I. im Schatten von Cordoba steht, denn diese Kapitellart fand auch im Alcázar von Sevilla Verwendung, teils aus Spolien unbekannter Herkunft, teils aus Spolien der Palaststadt Madinat al-Zahra und wohl auch durch eigens für den Bau neugefertigte Kapitelle. „Angesichts dieser der Antike so stark verpflichteten Kapitelle hat man sich wiederholt nach möglichen syrisch-umayyadischen Traditionen umgesehen. Zwar ist auch im Vorderen Orient des 8. Jahrhunderts der Rückgriff auf ältere klassische Formen zu beobachten, die in den unmittelbar vorhergehenden Jahrhunderten vergessen schienen, doch gibt es gerade auf dem Gebiet der Kapitellkunst dort nichts eigentlich Vergleichbares."[99] Zusammenfassend kann man von einem Aufschwung der Architektur zur Zeit des Emirats von Cordoba sprechen, wobei dieser Aufschwung durch die Verbindung und Weiterentwicklung römisch-iberischer, westgotischer und syrischer Traditionen zustande kam. Interessant ist dabei die weite Verbreitung, die diesem Stil, der anfangs hauptsächlich auf Cordoba begrenzt war, in ganz Andalusien zuteilwurde. Rezeption fand der cordobanische Stil allerdings nicht ausschließlich in Andalusien, sondern auch im gesamten westarabischen Wirkungsgebiet.

---

[99] Barrucand 2007, 46

Um diesen Prozess zu veranschaulichen, sei die Wiedergabe des Kanons am Beispiel der Cordobeser Mihrabgestaltung bei zwei charakteristischen westislamischen Moscheebauten genannt, der Moschee von Tlemcen und von Tinmal. Während bei der Moschee von Tlemcen die Mihrabgestaltung Cordobas übernommen wurde, ist sie in Tinmal in abgeänderter Form zum Einsatz gekommen. „Erstmals ist der rundbogige Hufeisenbogen im Scheitel aufgebrochen. Seine Aussenkontur ist wie in Tlemcen mehrpassförmig belebt. [...] Trotz dieser Änderungen ist der Verweis auf die Cordobeser Gebetsnische auch hier unmissverständlich."[100] Festzuhalten wäre für den Bau der Mezquita somit folgendes: Die Einflüsse reichen bereits bei diesem frühesten erhaltenen Bauwerk maurischer Architektur vom vorumayyadischen, als auch umayyadischen Syrien, über die Al-Aqsa-Moschee, bis über römisch-iberische und westgotisches Formen. Wie wir am Stefanstor gesehen haben, sind es einige wesentliche Formen, die in späteren Bauwerken bereits zum allgemeinen Grundformenrepertoire gehören: Hufeisenbogen, alternierende Keilsteine, Alfiz und waagrechte Frieszone als Türsturz. Diese Anordnung kulminiert schließlich im Pfauenbogen des Real Alcázar. Ob es in Folge die Schlafgemächer der Könige oder der Gesandtensaal sind, bei nahezu allen Räumen des Palastes Peters I. trifft man auf die hier in Cordoba zum ersten Mal auftretenden Formen. Von nicht unerheblicher Bedeutung ist zudem die außerandalusische Rezeption cordobansicher Formen, wie wir an den Beispielen Tlemcen und Tinmal gesehen haben.

5.2 Madinat al-Zahra bei Cordoba

Wie bereits in Kapitel 4 deutlich wurde, gehen zahlreiche der im Alcazar verwendeten Säulenschäfte, als auch Säulenkapitele auf die Palaststadt Madinat al-Zahra zurück. Grund genug, um auch diesem Bauensemble Aufmerksamkeit zu schenken und auf der baulichen Beschränkungen im Zentrum Cordobas und wohl auch aus politischen Gründen ließ Abd ar-Rahman III. die Palaststadt Madinat al-Zahra

---

100 Gise-Vögeli 2006

etwa acht Kilometer nordwestlich von Cordoba erbauen. „Während 16 Jahren sollen hier 1,8 Millionen Golddinare aufgewendet, 4313 Säulen herangeschafft worden sein – darunter 140 aus Konstantinopel."[101] Als Abd ar-Rahman III im Jahre 963 den Auftrag für seine Palaststadt gab, ahnte er nicht, dass diese nicht einmal ein Jahrhundert existieren werde. Nach seinem Tod führte zwar sein Sohn al-Hakam II. das ambitionierte Bauprogramm weiter und konnte den Regierungssitz und die Stadt schließlich auch vollenden, doch während einer dreijährigen Auseinandersetzung von 1010 bis 1013 wurde die Stadt von den Berbern geplündert und zerstört. „Alles Kostbare wurde entwendet und an verschiedenste Orte gebracht. Beispielsweise schmücken 121 Kapitelle aus Madinat al-Zahra die Fensternischen der Giralda in Sevilla."[102]

Ein Auseinandersetzen mit der baulichen Konzeption der Anlage muss an dieser Stelle ausbleiben, es soll jedoch erwähnt werden, dass die Grundkonzeption einer Palaststadt außerhalb der eigentlichen Stadt wohl Vorbildern, wie dem abbasidischen Samarra oder Bagdad, folgt.[103] Da sich die Palaststadt am Hang eines Hügels befindet, musste man das Terrain in Terrassen anlegen, die je nach Höhenlage in ihrer Bedeutung verschieden gewichtet waren. So weiß man heute, dass die oberste Ebene für die Palastbauten, die mittlere für die Quartiere des Hofstaates und die unterste Zone für die weitläufigen Gartenanlagen genutzt wurde. Durch die Zerstörung durch die Berber und die anschließende Nutzung als Steinbruch sind auch heute noch nicht alle Bereiche der Stadt ausgegraben, womit noch etliche Fragen für die Forschung offenbleiben.

Für die vorliegende Arbeit sind jedoch die architektonischen Elemente, sowie der hier verwendete Baudekor von Interesse. Eine der wichtigsten Architekturformen die von hier ihren Ausgang nahm und anschließend auch im Real Alcazar Verwendung fand, ist jene des dreifachen Hufeisenbogens. Am Beispiel des sogenannten „Salon Ricco", des reichen Salones, kann man diese

---

[101] Brentjes 1992, 157
[102] Gimpl 2009, 157
[103] vgl. Barrucand 2007, 61

Architekturform in ihrer ursprünglichen Form noch erkennen, obwohl auch hier durch archäologische Forschungsarbeit ein Großteil des Dekorschmuckes wieder hergestellt werden musste.

Wichtig für einen Vergleich mit dem Palast Peters I. ist vor allem der vegetabile Baudekor, der bei der Ausschmückung dieses Palastkomplexes, wie auch bereits bei der Großen Moschee von Cordoba, zum Einsatz kam. Neben dem Sebka-Muster sind es die vegetabilen Formen, die beim Palast Peters I. den charakteristischen Dekorschmuck ausmachen. „Blatt- und Kelchformen, Blütenrosetten, Halbpalmetten, Kleeblätter auch Pinienzapfen und Weintrauben gehören zur reichen spanisch-umayyadischen dekorativen Flora, deren einzelne Elemente immer einen dichten Binnendekor und oft gefiederte oder geflochtene Ränder haben. Ausschwingende Zweige geben die geometrische Grundordnung an. Trotz aller Stilisierung kann man meist die Blätter und Blüten noch von den Zweigen und Blattstielen unterscheiden. Im 12. Jahrhundert lösen glatte Formen die früheren ab, das Formenvokabular wird stilisierter und repetitiver. Gedehnte Kelche, Halbpalmetten und Dreipaßformen wachsen aus den Blattstielen heraus oder in sie hinein, die Gabelblattranke hat ihren Siegeszug angetreten und das vegetabile Wachstum folgt nun ausschließlich geometrischen Prinzipien."[104] Vergleicht man nun die hier vorgefundenen Formen mit jenen des Alcazars, so fällt auf, dass dort die vegetabilen Formen, nicht in der Sockelzone, wie bei Madinat al-Zahra, sondern hauptsächlich in Bogennähe zu finden sind. Bogenlaibungen und Bogenzwickel dienen dabei als bevorzugtes Einsatzgebiet der verwendeten floralen Formen, wie man es auch an den Bögen des Gesandtensaales oder dem Pfauenbogen sehen kann. Als weitere Gemeinsamkeit zwischen den beiden Bauwerken kann die Verbindung von geometrischem und floralem Dekor, als auch die Bereicherung dieser Dekorelemente durch kalligraphierte Inschriften hervorgehoben werden. Durch den flächenhaften Dekor von Rankenornament zwingt sich dem Betrachter unweigerlich eine Assoziation an orientalische Teppichkunst oder den für islamische Dekorkunst typischen Horror Vacui auf.

---

[104] Barrucand 2007, 85

In Bezug auf Bearbeitung und Qualität schreiben Ettinghausen und Grabar: „Classical, refined, and conservative, Spanish Umayyad architectural decoration did not have the same success in every technique. While the endless fragments from Madinat al-Zahra are monotonous in theme and treatment, and there is an almost schematic simplification of composite capitals, curiously the stucco and marble work is usually of much greater quality than the mosaics, which are technically quite good, but lack the richness and luxury of the stuccoes."[105]

5.3 San Cristo de la Luz in Toledo

Eines der weniger bekannten, für die Betrachtung maurische Architektur jedoch unverzichtbaren Bauwerke ist die ehemalige Umayyadenmoschee Bib Mardum und heutige kleine Kirche San Cristo de la Luz (Heiliger Christus des Lichts) in Toledo. Wir finden bei diesem Gebäude Formen vor, die in Kontinuität zu denen im kalifalen Cordoba entwickelten Motiven stehen und zugleich eine Vorstufe für die im Alcazar verwendeten Architekturformen bilden. Die ursprüngliche Moschee, die durch einen Apsisanbau im Jahre 1187 in eine christliche Kirche umgewandelt wurde, besaß in ihrer Bausubstanz einen quadratischen Grundriss, fällt besonders durch die geringen Abmessungen auf und lässt sich in ihrer Grundkonzeption mit der Bu Fatata Moschee von Sousse vergleichen.[106] Als Baudatum wird in der Forschung das Jahr 999 genannt, was eine Inschrift an der Fassade des Gebäudes bestätigt. Es handelt sich bei diesem Gebäude um einen, auf quadratischem Grundriß (ca. 8x8 Meter) errichteten, Ziegelbau. Auch an diesem Gebäude kann man die immense Bedeutung der Moschee von Cordoba ablesen, da es sich auch hier um direkte Formübernahmen aus Cordoba handelt. Speziell die Anordnung der Rippenkuppeln, der Vielpassbögen, der Blendarkade an der Fassade, die Dachkonsolen, oder auch Hufeisenbögen lassen Cordoba als

---
[105] Ettinghausen und Grabar 1987, 140
[106] vgl. Brentjes 1992, 156

Provenienz erkennen. Dass Cordoba auch bei der Bausubstanz maßgebend war, zeigt sich in der Tatsache, dass die gesamte Moschee in Ziegelbauweise errichtet wurde, möglicherweise ein Indiz dafür, dass sich das Kalifat zu dieser Zeit immer mehr in Richtung Osten orientierte, so Luigi Nervi.[107]

All diese Motive begegnen auch im sevillanischen Palast, wie zum Beispiel im Mädchenhof, wo die Arkadenreihen aus Vielpassbögen gebildet werden. Die sich kreuzenden Hufeisenbögen der Moscheefassade werden dagegen für die Tiefbeete des Mädchenhofes übernommen, wo sie an den Außenwänden der Beete als Zierformen eingesetzt werden. Unter den verschiedenartig gestalteten Kuppelformen der Bib Mardum Moschee kommt, ebenso wie in den Prinzengemächern des Real Alcazar, eine oktogonale Kuppel zum Einsatz. Das an der Nordwestfassade vorkommende Rautengitter in der oberen Fassadenzone erinnert an die im Patio del Yeso verwendeten Gitterzonen über den Arkadenreihen. Ebenso finden sich hier die für die Mezquita in Cordoba, als auch Madinat al-Zahra charakteristischen Bogengestaltungen mit weißen Steinen und roten Ziegeln. Die Vergleichsbeispiele setzen sich im Innenraum des Gebäudes fort, wo drei Mal drei Raumsegmente durch Hufeisenbögen getrennt werden. Einige der Kapitelle sind auch hier wiederverwendete westgotische Originale. Über die Anordnung und Provenienz des quadratischen Zentralbaus kann man anmerken, „dass er in vorderorientalisch, byzantinischen und umayyadischen Traditionen steht. Jedoch ist in seinem Aufriss ein gerichteter Bautyp erkennbar: Die Anordnung der Bogenöffnungen des Zwischengeschosses wird ganz von der Tiefenachse des Mihrabs und der Wertung der drei Qiblajoche bestimmt und deutet damit den T-Plan an, der ja auch in Cordoba und in Madinat al-Zahra bestimmend ist."[108] Man kann zu diesem Gebäude also festhalten, dass es zum Ende der kalifalen Zeit Cordobas das gesamte Formenvokabular, das sich seit dem Beginn des Kalifats in Cordoba, Madinat al-Zahra und zahlreichen peripheren Standorten herausbildete, noch einmal in

[107] vgl. Nervi 1976, 90
[108] Barrucand 2007, 91

einem einzigen Bauwerk mustergültig wiederholte. In den Folgebauten werden diese Motive zwar weiterhin angewendet werden, allerdings nur als Rezeption und nicht in vollkommen gleicher Anwendung.

5.4 Die Aljafería in Zaragoza

Mit dem Zerfall des Kalifats von Cordoba entstanden zahlreiche Taifa-Reiche, die versuchten die Macht an sich zu reißen, zumindest jedoch ihre Macht, wenn auch nur vermeintlich, baulich zu manifestieren. (vgl. Kapitel 2.4) Obwohl es zahlreiche Taifas gab, hat sich von den Bauten dieser Zeit leider nur sehr wenig erhalten, eines der am bestem erhaltenen Beispiele ist jedoch die Aljafería von Zaragoza, das einzig erhaltene Bauwerk maurischer Architektur in Zaragoza. Der Name „Aljafería" (al Ja´ fariyya) leitet sich ab vom Gründer, Abu Ja´far ibn Sulayman, der im 11. Jahrhundert die Aljafería als Regierungssitz erbauen ließ. Die trapezförmige Aljafería ist durch eine mächtige Burgmauer mit sechzehn Wachtürmen schützend umgeben – eine für die unsichere Taifa-Zeit typische Festungsanlage. Hinter dieser wehrhaften Mauer befindet sich allerdings ein Palast, der in der Rezeption der Palaststadt Madinat al-Zahra gesehen werden kann und die Anlage der Alhambra von Granada bereits vorwegnimmt. Im Gegensatz zur Anlage von Madinat al-Zahra, so Barrucand, besitzt die Aljafería einen quadratischen Grundriß, „der an die syrischen Wüstenschlösser erinnert und der auch im Maghreb nachweisbar ist. Dieser Eindruck wird verstärkt durch die runden Turmvorlagen und den einzigen geraden Eingang zwischen den Türmen. Die so konsequent durchgeführte sukzessive Dreiteilung hat ihr Vorbild im Schloss von Mschatta. Der zentrale Kuppelsaal der Moschee ist wahrscheinlich ein bewusstes Zitat des Felsendoms. […] Der spätantik-byzantinische Zentralbau mit Emporen, der ja auch zu den Modellen des Felsendomes gehört, steht der Moschee der Aljafería im Grunde näher als der Felsendom selbst; er könnte über die karolingische und postkarolingische Architektur nach Zaragoza gekommen sein."[109] Die prächtigste Ausgestaltung der Anlage erfuhr der sogenannte ´Salon´ im Inneren der Festung, um den herum zahlreiche weiße Vielpassbögen, die verschlungen miteinander verbunden wurden, um ein zentrales Wasserbecken angeordnet wurden. Die hier entstandenen, sich geschickt überkreuzenden Bögen der Arkaden, sind Beweis für die hohe Handwerkskunst der arabischen Baumeister des 11. Jahrhunderts. „Die Vielfalt der Bogenformen ist fast unerschöpflich; Rundbögen, runde Hufeisen- und Vielpaßbögen, erstmals auch spitze Hufeisen- und gemischtlinige Bögen überschneiden sich und bilden in Breite und Höhe endlos konzipierte Netzmuster."[110] Mit den auf römisch-iberischen Spolien ruhenden Vielpaßbögen steht die Aljaferia stilistisch zwischen dem kalifalen Cordoba, Bauwerken wie der Alhambra von Granada und somit letztendlich auch dem Real Alcazar von Sevilla.

Diese Anordnung erinnert stark an den Einsatz der Arkaden beim Alcazar. Ein direktes Zitat derselben stellen die Arkaden des im 12. Jahrhundert entstandenen Gipshofes dar, die lediglich durch das Sebkamuster über den Dreierarkaden von den Vorbildern unterschieden werden können. Die im Gipshof vorkommenden durchbrochenen polygonalen Wandzonen über den Vielpaßbögen erinnert dennoch stark an die von den Überschneidungen generierten Muster in der Aljafería von Zaragoza Auch diese im Alcazar befindliche Arkadengestaltung kann als Vorbild für die spätere granadinische Baukunst gesehen werden.

Weitere Zitate übernahm man für den Mädchenhof, wo je eine Doppelarkade den mittleren und zugleich überhöhten Vielpassbogen flankiert. Die auf Doppelsäulen ruhenden Polylobbögen sind ein Zitat der Arkadenreihen im nördlichen Palastteil der Aljafería, wenngleich die über den Bögen befindliche Zone nicht so voluminös wie beim Vorbild ausgeführt wurde, sondern durch das Sebkamuster, trotz der geschlossenen Wandfläche, feingliedriger erscheint. Wie bereits im Gipshof, findet man auch hier das für Sevilla so wichtige Sebkamuster

---

[109] Barrucand 2007, 121
[110] ebd., 121

als schmückendes Element der oberen Wandzone vor. In dieser Tradition stehen auch die das Haupttor flankierenden Blendbögen der Hauptfassade des Palastes. Generell scheint sich also das Sebkamuster, wie man es bei den flankierenden Blendbögen der Hauptfassade sehen kann, aus solcherlei Formenrepertoire herauskristallisiert zu haben.

In enger Verbindung zur Aljafería steht die Burganlage von Balaguer, die hier aufgrund der engen Verwandtschaft des Baudekors im Zuge dieses Kapitel erwähnt werden soll. Während die Stadtmauer Balaguers aus dem 9. Jahrhundert stammt, erhielt die Stadt zur Zeit der Taifa-Reiche einen Palast, von dem heute zwar nichts mehr erhalten ist, die gefundenen Überreste des Baudekors allerdings einen guten Einblick in den damaligen Zeitstil geben. Diese Fragmente stehen in enger Verwandtschaft zur Aljafería und können somit dem gleichen Zeitgeschmack zugeordnet werden. Wie bereits Ewert bemerkte, ist der Dekorstil des 11. Jahrhunderts in enger Anlehnung an östliches Formenrepertoire zu sehen, so, dass sich eine „Kanonisierung des Formengutes" (Ewert) ergab.[111]

Allgemein betrachtet kann man behaupten, dass die Taifakunst nicht nur Formen aus dem Kalifat tradierte, sondern durchaus eigene Ausprägungen des vorgefundenen Kanons schaffte. Dies gilt nicht nur für architektonische Formen allein, sondern durchaus auch für den Baudekor. So steht die Kunst der Taifazeit durchaus in der Tradition des kalifalen Cordobas, hat aber selbst, wie die Vielpassbögen der Aljafería zeigen, neue Formen generiert. Die Anordnung sich kreuzender Bögen sollte von da an des Öfteren Verwendung finden und wurde, wie die Netzmuster über den Arkadenreihen des Alcazars zeigen, bis ins 14. Jahrhundert hinein verwendet. „Schon in Cordoba waren vor allem auf dem Gebiet der senkrecht sich kreuzenden Bögen statische Funktion und Ornament nicht klar getrennt; diese Tendenz wird nun sehr viel weiter geführt und erstreckt sich auch auf nichtvertikale Elemente. Der Weg von den Werksteinrippenkuppeln Cordobas zu den Stuckrippenkuppeln des 12. Jahrhunderts und den

---

[111] vgl. Hänsel und Karge 1992, 42

späteren Muquarnaskuppeln führt über die Erfahrung der Taifazeit."[112]
In Bezug auf den Baudekor fällt auf, dass dieser in der Taifazeit wesentlich feingliedriger und geometrischer gearbeitet wurde, als es noch im Kalifat der Fall war. Der naturnahe vegetabile Baudekor der römisch-iberischen Vorbilder wurde zur Taifazeit zugunsten geometrischerer Formen aufgegeben. Trotz der Übernahme und, wie wir oben gesehen haben, auch dem Weiterentwickeln des Formenvokabulars, übte die Kunst der Taifazeit einen nicht zu unterschätzenden Einfluss auf die Kunst der folgenden Epochen, wie jener der Berberdynastien der Almoraviden und Almohaden, aus.

5.5 Die Giralda von Sevilla

Die Giralda bietet sich nicht nur aufgrund ihrer unmittelbaren Nähe zum Alcazar als direkten Vergleich zu selbigem, sondern auch aufgrund ihrer Errichtungszeit während der Almohadenherrschaft über Andalusien. Es sei an dieser Stelle jedoch ein kurzer Exkurs erlaubt, der die Hintergründe der architektonischen Entwicklung dieser Zeit erläutert: Wie im vorigen Kapitel erwähnt (vgl. auch Kapitel 2.5), folgten auf die Taifareiche die beiden Berberdynastien der Almoraviden und Almohaden, beides anfänglich recht konservativ gesinnte Richtungen, die sich aber allmählich vom „andalusischen Sonderweg des Islam" beeinflussen ließen und im Endeffekt sogar noch prächtigere Kunst hervorbrachten, als dies Zeit der Taifas tat. Beide vertraten von Grund auf einen strengen Glauben und wollten diesen auch auf der iberischen Halbinsel wieder reinthronisieren. Da diese Epoche von „kultureller Regression" (Barrucand) gekennzeichnet war, verwundert es nicht, dass auch in Bezug auf die Architektur und den Baudekor eine zunehmende Abstraktion und Geometrisierung die Folge war. Diese Phase wurde jedoch bald von einem neuen Herrscherstamm, dem der Almohaden, abgelöst.
Unter der Herrschaft der Almohaden beeinflusste die islamische Kunst der iberischen Halbinsel den Maghreb, was hauptsächlich durch einen kulturellen Austausch der beiden benachbarten Gebiete vonstatten

[112] Barrucand 2007, 130

ging. Kulturelles Zentrum des Maghrebs wurde Marrakesch, wo man vorerst nach andalusischer Manier arbeitete. „Im nun auch künstlerisch einheitlichen Raum des äußeren Westislam wurde das Repertoire erarbeitet, aus dem die puristischen Almohaden um die Mitte des 12. Jahrhunderts die wesentlichen Elemente ihrer Formensprache filterten."[113] Beliebte Motive waren Rautenmuster, die durch große Yeserias zum Einsatz gebracht wurden, als auch Muquarnaskuppeln, die unter den Almohaden zu den beliebtesten Gestaltungsmitteln gehörten. Der Baudekor der Almohaden war zwar streng gegliedert und streng asketisch, man hatte durch ihn aber die Möglichkeit großflächig zu agieren und große Baukörper zu einer Einheit zu verbinden. Die Architektur und der Baudekor der Almohaden zeigen jedoch keine wesentlichen neuen Errungenschaften. Die Architekturformen ähneln sich und auch der Dekor wird nahezu bei allen zu dieser Zeit errichteten Bauten in gleicher Weise eingesetzt. In den verwendeten Formen zeigt sich die konservative, ja geradezu asketische Haltung der Almohaden.

Aus dieser Zeit almohadischer Herrschaft sind noch zahlreiche Bauwerke erhalten: Die Stadtmauer von Sevilla, der sogenannte Torre del Oro (Goldener Turm) als ehemaliger Bestandteil der Stadtmauer, die große Freitagsmoschee von Sevilla[114] und damit verbunden die Giralda, das ehemalige Minarett der Freitagsmoschee. Die almohadische Giralda von Sevilla wurde von 1184-1196 erbaut und ist in ihrer ursprünglichen Bausubstanz bis zur Blendarkadenreihe erhalten. Darüber erhebt sich ein im Stil der Renaissance fünfstöckiger Turmaufsatz, der 1560-1568 von Hernan Ruiz II. erbaut wurde. Von Interesse für die vorliegende Untersuchung und zugleich Kennzeichen der Giralda, sind die gegliederten Seitenwände des Bauwerks. Die Dynastie der Almohaden bevorzugte aufgrund der radikal konservativen Glaubenshaltung einen klaren Baudekor, der sich hier durch den Dekor der Wandzonen exemplarisch zeigt. In enger Beziehung zur Giralda können auch die

---

[113] Hänsel und Karge 1992, 40
[114] zur Zeit der Gotik (ab 1402) in eine christliche Kathedrale umgewandelt

ebenfalls von den Almohaden errichteten Minarette der Kutubiya-Moschee von Marrakesch, aus der Mitte des 12. Jahrhunderts, das Minarett der Hassan Moschee von Rabat, gegen Ende des 12. Jahrhunderts, oder jenes der Großen Moschee (gen. Sidi Oqba) von Kairouan gesehen werden – alle Standorte sind ein Hinweis dafür, dass die stilistischen Strömungen nun aus dem maghrebinischen Raum kamen, beziehungsweise die Baukunst sich in Spanien und Nordafrika zur Zeit der Almohadenherrschaft gegenseitig immer mehr anglich.

Wichtig für die Provenienz der almohadischen Bauformen ist die Tatsache, dass die Hauptstadt immer Marrakesch blieb, somit auch die Bauhütten von Marokko aus agierten. Ein schönes Beispiel dafür liefert das genannte Minarett der Kutubiyya in Marrakesch, das als direkter Vorgängerbau der Giralda gesehen werden kann. Dazu Stierlin: „In der Tradition des mächtigen quadratischen Minaretts von Kairuan errichtet, sind die Minarette der Moschee von Sevilla und der Kutubiyya von Marrakesch durch den asketischen Geist der Almohaden und Almoraviden geprägt: reine Formen und ein Dekor, der sich auf einfache, repetitive Muster beschränkt."[115] Die Grundsubstanz des Minaretts der Kutubiyya bildet ein viereckiger Turm, der von einem kleineren, ebenfalls viereckigen Turm, bekrönt wird. Das gleiche Schema darf man sich vermutlich für den ursprünglichen Turmaufsatz der Giralda vorstellen. Auch in Bezug auf die Beschaffenheit der Außenwände, zeigen beide Bauwerke die gleichen Merkmale: der zunächst geschlossen und beinahe schmucklos wirkende Unterbau wird erst mit aufsteigender Wandfläche immer mehr durchbrochen, bis unmittelbar unter der Bauzäsur mit dem Aufsatzturm eine Arkadenzone aus überkreuzten Blendbögen eine Auflockerung der Bausubstanz zulässt. In Marrakesch, wie auch Sevilla, kommen zahlreiche Blendbögen in Form von Polylobbögen vor, die teils isoliert stehen, teils jedoch als Umfassung anderer Einzelfenster, beziehungsweise ganzer Fenstergruppe fungieren. Flächenhafte Einschnitte in die Wand sind

---

[115] Stierlin 2009, 176

Marrakesch vorbereitet, bei der Giralda jedoch in Vollendung vorzufinden. Hier werden diese Flächen von gestelzten Vielpassbogen, die von kleinen Steinsäulen getragen werden, vorbereitet, bevor sie sich in Art des Sebkamusters in langrechteckigen Wandsegmenten senkrecht den Bau hochziehen. Dabei flankieren sie die mittigen Zwillingsfenster, die auch hier wieder von einem Polylobblendbogen umfangen werden. Es ist dies ein Motiv, das auch beim Palast Peters I. an zahlreichen Bauteilen wiederholt wird. Am deutlichsten zeigt sich dieses Formenvokabular bei der Gestaltung der Palastfassade, wo neben dem Haupteingang die flankierenden Flächen in Form der Bögen und Sebka-Gestaltung der Giralda folgen. Vorbild ist zum wiederholten Male das Minarett von Marrakesch, wo sich dieses Muster auf dem Aufsatzturm befindet. In den flankierenden Flächen an der Palastfassade wird das Sebkamuster durch filigrane „Äste" gebildet, die noch leicht an vegetabile Formen denken lassen. Dennoch ist die Abstraktion schon so weit fortgeschritten, dass man diese Formen nur noch aus nächster Nähe wahrnehmen kann. Die über dem Vielpassbogen fortlaufenden Bogenlaibungen bilden dabei die Hauptachsen, an denen sich das restliche Rautenmuster dieser Flächen ausrichtet.

Ein weiterer Vergleich bietet sich mit der Wandgestaltung des Innenhofes im Patio del Yeso an: Die von den schlanken weißen Marmorsäulen getragenen Arkaden der Hofseitenwände erinnern in ihrer Grundkonzeption an die Form der Giraldafenster. Auch hier kann man die fehlende ornamentale Ausgestaltung und Zunahme des geometrischen Dekors deutlich erkennen. Es fehlt jegliche Tiefe, das Sebkamuster ist hier in Form eines „Blendmusters" eingesetzt. Das Muster zeigt exemplarisch die Geometrisierung und mathematische Ausponderiertheit dieser Bauornamentik. Das gleiche Schema findet man an den Wandzonen über den Arkadenreihen des Mädchenhofes, wo sich die Anklänge an die Giralda in reinster Form zeigen. Denn gleich wie beim Minarett sind auch hier die Sebka-Flächen auf Doppelsäulen gestellt und werden von je zwei Vielpassbögen getragen. Einziger augenfälliger Unterschied ist jener, dass beim Real Alcazar die Rautenmuster geradlinig ausgeführt wurden, während sie bei der Giralda die gekurvten Linien der Vielpassbögen weiterführen. Während also bei der Giralda der Bogen das nach oben verlaufende Muster vorgibt, stehen beim Palastbau Bogen und Muster in keiner erkennbaren Beziehung zueinander. Dadurch wirken die Bögen hier, als ob sie aus der Sebka-Wandfläche ausgestanzt wurden.

Auch im Puppenhof kehrt das nun bekannte Muster wieder. Doch auch hier werden, wie schon im Mädchenhof gesehen, die Bögen und Sebka-Muster unabhängig voneinander zum Einsatz gebracht. Die zur Zeit der Almohaden praktizierte „asketische" Baukunst spiegelt sich somit auch in den verschiedenen Palasttrakten des Real Alcazar wieder - und das trotz der zeitlich unterschiedlichen Errichtung. Vermittler dieser Formen war hierbei die Baukunst der Nasriden, dessen kulturelles und somit künstlerisches Zentrum Granada bildete.

5.6 Die Alhambra von Granada

Das letzte architektonisch bedeutende Bauwerk, das in einem rein arabisch dominierten Gebiet Spaniens erbaut wurde, war die Alhambra von Granada, der Hauptstadt des damaligen Nasridenreiches. Ein Großteil der mudejaren Formensprache entwickelte sich nicht nur aus der nasridischen Baukunst allgemein, sondern speziell aus diesem Bauwerk heraus. Erinnert sei daran, dass es Handwerker der Alhambra waren, die den Palast von Peter I. errichteten. Wie bereits Brentjes bemerkte, blieben die Architektur und der Baudekor nach dem Zerfall des Almohaden-Reiches weitgehend unverändert bestehen, spaltete sich aber in zwei Tendenzen: „Während die Hafsiden die orthodox-asketische Linie der Almorawiden weiterführten, verstärkten im westlichen Maghreb die Meriniden und in Spanien die Emire von Granada an ihren Bauwerken die barocke Tendenz der Almohaden-Kunst."[116] Spricht man von nasridischer Baukunst, so spricht man de facto von der Alhambra, obwohl die frühesten Bausubstanzen bereits auf die Zeit der Taifa-Epoche zurückgehen. Charakteristisch für Herrschersitze dieser Zeit ist die bereits genannte Wehrhaftigkeit – ein Merkmal, das auch bei

[116] Brentjes 1992, 198

der Anlage der Alhambra zu finden ist. Die Lage auf einem Bergrücken und die konglomerative Bauweise der Palastkomplexe erinnert stark an die kalifale Palaststadt von Madinat al-Zahra, die Qasaba von Marrakesch, die Alcazaba von Malaga, beziehungsweise, anhand der aneinandergefügten Höfe und Bautrakte, durchaus auch an den Real Alcazar von Sevilla. Diese Bauform findet sich bereits bei zahlreichen Wehrbauten des Orients, wurde von dort übernommen und in Andalusien weitergeführt. Dieses Grundschema kann man von frühen Bauwerken, wie der Palaststadt Madinat al-Zahra, bis hin zum letzten arabischen Bau, der Alhambra, erkennen. Dazu Barrucand: „Gegenüber Madinat al-Zahra, das den Beginn einer Bauperiode markiert, an deren Ende die Alhambra steht, kann man feststellen, daß die Tendenz zur Kleinteiligkeit weiterentwickelt, die Raumkonfigurationen vervielfältigt und das Prinzip der räumlichen Hierarchisierung erhalten und verfeinert wurden."[117] Aufgrund der enormen Vorbildwirkung der Alhambra auf die Mudejarkunst, und somit speziell auf den Real Alcázar von Sevilla, sollen in diesem Kapitel die charakteristischen Merkmale der Alhambra-Architektur herausgearbeitet, analysiert und anschließend in Verbindung zum Palast Peters I. gebracht werden. Um die vielfältigen Einflüsse, Wesen und Ursache der wichtigsten Charakteristika zwischen Alhambra und dem Alcázar von Sevilla überschaubar zu gestalten, ist die Betrachtung in folgende Kapitel unterteilt:

1. architektonisches Grundschema (Grundriss und Einteilung der Palastkomplexe)
2. Bausubstanz (Baumaterial und Wandgestaltung)
3. Baudekor (Azulejos, Yeserias etc.)

---

[117] Barrucand 2007, 208

5.6.1 Das architektonische Grundschema

Bereits anhand des architektonischen Grundschemas wird ein deutlich verbindendes Element zwischen Alhambra und dem Palast Peters I. erkennbar, nämlich die Anordnung der Höfe. Diese sind die jeweiligen Zentren der Palastkomplexe, an denen sich die übrigen Räumlichkeiten ausrichten. Für diese Höfe sind die zahlreich in der arabischen Architektur vorkommenden Wasserspiele, wie Brunnen, Rinnen und Becken, als auch die Gartenbeete von immenser Bedeutung. Diese Elemente findet man bereits bei frühislamischen Bauwerken und es ist nur allzu verständlich, dass man daran auch beim Bau der Alhambra, wie in Folge beim Real Alcazar, festhielt. Im Alcazar finden wir diese Anordnung im Patio del Yeso, oder auch im Patio de las Doncellas. Bei beiden Höfen ist das Wasser (vgl. Kap. 3.6) das alles bestimmende Element.: zwischen Patio del Yeso und dem Gerechtigkeitssaal wird durch die im Boden eingelassene und beim Brunnen im Zentrum des Saales ihren Ausgang nehmende Wasserleitung eine Verbindung geschaffen, wie man es bereits in der Alhambra, beispielsweise beim Myrtenhof, dem Patio de la Acequia im Generalife, dem Löwenhof (Patio de los Leones), oder im Cuarto Dorado vorfinden kann. Neben der Anordnung und Gestaltung der Höfe, sind die um die Höfe gruppierten Raumabfolgen von fundamentaler Bedeutung für das Verständnis dieses „aus dem Alten Orient überkommenen agglutinierenden Bauprinzips" (Ewert). „George Marçais hat gezeigt, daß die Verbindung von Porticus, quadratischer und längsrechteckigen Sälen in direkter Nachfolge auf hellenistische und vitruvianische Kompositionselemente, den sogenannten prostas und den oecus – seit Priene in Kleinasien typischen Einheiten von Hausbauten -, zurückgeht, wobei der prostas als eine Art Durchgang [...] zum oecus diente."[118] Dieses Forschungsergebnis ist insofern von Bedeutung, da man die Vorbilder in der spanisch-islamischen Architektur vorwiegend im syrischen und maghrabinischen Raum sucht, dabei aber die antik-römischen Vorbilder oft aus der Sicht verliert. Die Abfolge und Verbindung von

---

[118] Oleg Grabar 1981, 145

langrechteckigen Sälen und quadratischen Vorräumen, oder auch quadratisch angelegten zentralen Hofanlagen, findet man im Alcazar zahlreich: Auf den quadratischen Gerechtigkeitssaal folgt der rechteckige Patio del Yeso – diese beiden Raumkompartimente sind allerdings gesondert zu betrachten, da die ursprüngliche Integration in den Bau nicht mehr gegeben ist. Deutlicher zeigt sich die Übernahme von Raumauffassung der Alhambra beim Mudejarpalast, wo je zwei Höfe, der Patio de las Doncellas und der Patio de las Muñecas, die Zentren für den öffentlichen und privaten Bereich bilden. An diesen orientieren sich die anschließenden Raumgefüge, die ausschließlich aus langrechteckigen Sälen und quadratischen Räumen gebildet werden.

Ein weiterer, bis jetzt nicht genannter Faktor ist jener der ´inneren Repräsentation´. Kennzeichen derselben ist, dass sich die volle Pracht für den Besucher erst im Inneren des Palastes, somit in den Höfen und Raumabfolgen, nicht aber an der Palastfassade erschließt. Auch diese Begebenheit durchzieht die islamische Baukunst von frühesten Anfängen bis in die Spätzeit. Bei der Alhambra fällt von außen die wehrhafte Burgmauer auf, im Inneren aber sind die Palastkomplexe zu den Höfen hin geöffnet und können auch nur von diesen aus durch den Besucher erfasst werden. Zu diesem Phänomen schreibt Grabar: „Es ist aber nicht ungefährlich, die Komposition der Alhambra mit rein ästhetischen Erwägungen begründen zu wollen, zumal sich die viel einfachere Erklärung aufdrängt, daß man es mit Ausnahme der Omayyadenpaläste des 8. Jahrhunderts [...] in der islamischen Palast- und Wohnarchitektur in der Regel vermieden hat, innere Pracht nach außen hin zur Schau zu stellen."[119] Das Merkmal der in sich geöffneten, beziehungsweise nach außen hin abgeschotteten Höfe, kann man im Mudejarpalast des Alcázars wiederfinden: Nicht nur der Puppenhof, sondern auch der wesentlich größere Mädchenhof entfaltet seine volle Pracht für den Besucher erst, wenn er bereits die kleineren innenliegenden Räumlichkeiten durchquert hat.

---

[119] ebd., 150

Zu dieser Eigenheit trägt zudem die fortifikatorische Wehrmauer des Alcázars bei, die a priori eine äußere Repräsentation verhindert, aber gerade dadurch die „geöffnete" dekorative Pracht des Palastinneren fördert.

5.6.2 Die Bausubstanz

Nicht nur in Bezug auf die grundlegende Anordnung der Raumaufteilung, sondern auch in Bezug auf die Bausubstanz weisen die Alhambra und der Palast Peters I. zahlreiche Ähnlichkeiten auf. So ist das auffälligste Merkmal der Wandgestaltung, nämlich das Verschleiern anhand von Yeserias, bereits bei der Alhambra vollständig ausgeprägt. (vgl. Kap. 3.1.2) Das oben genannte Prinzip der ´statischen Verschleierung´ beschreibt Grabar folgendermaßen: „Es gibt in der Alhambra nur zwei Arten von Stützen: Wände und Säulen. Die Wände sind flach und fast nie unterteilt. Ihre Konstruktion bleibt dem Auge verborgen, da sie außen mit Putz und innen mit flachem Dekor überzogen sind. Zwei Erklärungen lassen sich für dieses Phänomen ausführen. Erstens die Minderwertigkeit des Baumaterials. Diese drückt sich darin aus, daß in der Alhambra jene schönen Steinmetzarbeiten fehlen, die in gleichzeitigen oder früheren Bauwerken der westlichen Gotik oder Ägyptens und Syriens zu finden sind."[120] Grabar argumentiert diese Tendenz der Bautradition maurischer Herrscher mit der Tatsache, dass die Bauten aufgrund der unsicheren Machtverhältnisse nicht auf Ewigkeit hin errichtet werden sollten, sondern die Vergänglichkeit der Gebäude bereits bei Beginn der Arbeiten eine Rolle spielte. Diese Aussage wird durch die Tatsache gestärkt, dass es nicht an hochwertigem Material in den Gegenden rund um Granada mangelte. So warnt auch Grabar davor, den in dieser Art errichteten Gebäuden „tiefe philosophische und religiöse Sinngehalte" (Grabar) zuzusprechen, sondern dieses architektonische Substrat in einer schlichtweg traditionellen Palastbauweise zu suchen.[121]

---
[120] Grabar 1981, 151-152
[121] vgl. ebd., 152

Dieses Prinzip findet sich im Mudejarpalast Peters I. in nahezu allen Räumlichkeiten wieder: bei den Arkadenoberzonen zahlreicher Höfe, den Wandgestaltungen des privaten wie öffentlichen Bereiches, oder als pars pro toto im Gesandtensaal (Sala de Embajadores), wo der Yeseria-Dekor die Wände regelrecht überwuchert. Ein schönes Beispiel liefert auch die Gestaltung der Kuppel im Gesandtensaal, die durch die Stalaktiten jeglicher Statik enthoben scheint, und somit dem Prinzip des Verschleierns gleichkommt. Ein direkter Vergleich kann zwischen der Südwand des Cuarto Dorado der Alhambra und dem Wanddekor des Gesandtensaales gemacht werden: hier wie dort wird auf eine Betonung der stützenden Wandelemente zwar nicht gänzlich verzichtet, durch die Fülle und Großflächigkeit der vorgelagerten Paneele wird die Wand aber zusehends jeglicher Statik beraubt.

5.6.3 Der Baudekor

Durch die auswärtigen Tätigkeiten granadischer Handwerkshütten kommt es auch beim Baudekor zu einer der auffälligsten Verbindungen zwischen der Alhambra und dem Palast Peters I. Auf eine Sockelzone von Azulejos folgt eine reiche Ausstattung der Wand anhand von Yeseria-Paneelen, die nicht nur die Türen rahmen und diese mit Alfizes umgeben, sondern auch bis in die oberste Wandzone emporreichen. Schriftbänder mit kalligraphischen Lobpreisungen zu Ehren Allahs rahmen dabei rundum die Fenster des Obergeschosses. Über dieser Fensterzone umzieht ein Muquarnasfries den Hof – obwohl diese Beschreibung (vgl. Kap. 4) durchaus auch auf einen der Säle aus dem Palast Peters I. zutreffen würde, stammt sie von der Südwand des Cuarto Dorado. Gleiches, was oben für die Dekorstile des Alcazars festgelegt wurde, gilt umso mehr für die Alhambra, von der schließlich diese vegetabilen und geometrischen Formen für den Real Alcazar übernommen wurden. Die nasridische Baukunst Granadas fungierte schließlich als Vermittler zwischen dem früheren almohadischen Stil und dem Stil, der letztendlich beim Palast Peters I. zum Einsatz kam.

Wir haben gesehen, dass die wichtigsten Räume des Palastes, wie beispielsweise der Gesandtensaal, wesentlich ornamentaler ausgestaltet wurden, als dies zum Beispiel bei den Infanten- oder Prinzengemächern der Fall gewesen wäre. Dies steht in Tradition zur Alhambra, wo man nach Möglichkeit versuchte jede freie Fläche durch Dekorelemente zu verzieren. In Zusammenhang mit den hispano-islamischen Dekorstilen ist dabei die Geometrie, insbesondere deren mathematisches System von Bedeutung. Die geometrische Flächendekoration ist nicht nur ein Merkmal der Alhambra oder des Alcázar von Sevilla, sondern zeigt sich im Maghreb genauso weit verbreitet wie im Nahen Osten. Über die Provenienz dieser, in der gesamten islamischen Welt verwendeten Flächendekoration, schreibt Grabar: „Soweit dies aus den wenig ergiebigen Quellen zu erschließen ist, kam es im 10. Jahrhundert, und zwar höchstwahrscheinlich in der Weltstadt Baghdad und im Iran, zu einer Konjunktion von kulturellen Einflüssen und sozialen Wandlungen durch die die ursprüngliche Richtung der islamischen Kunst dahingehend modifiziert wurde, daß von nun an im Dekor Darstellungen von Lebewesen fehlen oder zumindest seltener werden. […] Nach dem 10. Jahrhundert tritt nun ein zweiter Ornamenttyp zu diesem ersten hinzu. Durch ihn werden geometrische Muster, vorzugsweise Polygone und Sterne, zum alleinigen Dekorationsgegenstand."[122] Die Dekorstile der Alhambra wiederholen diese Formen, womit die Frage aufkommt, ob man bei diesem Dekor von neuen mathematischen Errungenschaften, oder von bloß tradierten Dekorationsschemata sprechen kann. Gleiches gilt für den Alcázar von Sevilla, wo schließlich die Formen der Alhambra lediglich wiederholt wurden aber somit nichts Neues geschaffen worden wäre. Wie Grabar in seiner Abhandlung über die islamische Architektur und den Dekor in Bezug auf die Alhambra richtig bemerkt, ist diese „Tradition des Ornaments" hauptsächlich in den westislamischen Gebieten, vor allem in Marokko und Spanien gepflegt worden. „Es findet sich sehr wenig Neues, sehr wenig Erfindungsgabe. Und es fällt auf, daß Werke der Mudejar-Kunst, wie der Alcázar von Sevilla,

---

[122] Grabar 1981, 174-175

oder spätere Meisterwerke der marokkanischen Architektur […], die äußere Gestaltung der Alhambra – vor allem ihre Flächendekoration – aufgegriffen haben, sie aber zumeist weder weiterentwickelt noch in originelle architektonische Formen integrierten."[123] Abschließend muss zu diesem Kapitel festgehalten werden, dass die Mudéjar-Architektur und deren Ornament, nicht auf die genannten Bauwerke beschränkt blieb, sondern in Folge einen sogar erheblichen Einfluss auf die zeitlich folgenden christlichen Kirchenbauten hatte. Sogar bei Bauten die am Jakobsweg liegen, also eigentlich zutiefst christliches Formengut besitzen, finden wir Bauwerke wie das Kloster von Las Huelgas, bei dem im Stile der Mudéjar-Kunst gearbeitet wurde. Dieser Einfluss hielt sich, bis in Spanien der Platereskenstil der Renaissance gegen Ende des 15. Jahrhunderts die früheren Strömungen allmählich zu ersetzen begann.

---

[123] Grabar 1981, 180

6. Schlusswort

Wie die vorliegende Arbeit zeigt, prägte die wechselvolle Geschichte Andalusiens einen ´Sonderweg´ aus, der nicht nur kultursoziologisch, sondern besonders im Bereich der Architektur zu bemerkenswerten Neuerungen geführt hat. Ob dies nun die Errungenschaften des kalifalen Cordobas, die unruhige Zeit der Taifareiche, die Herrschaft der Berberdynastien, oder die zuletzt regierenden Araber auf der Iberischen Halbinsel, die Nasriden, waren – zu allen Zeiten der andalusischen Geschichte wurden Bauwerke errichtet, die nicht nur von alten Vorbildern her inspiriert wurden, sondern vor allem auf spätere Bauten weiterwirkten. Dies war auch der Fall beim Real Alcazar von Sevilla, beziehungsweise dem Mudejar-Palast von Peter I. Die kulturellen Errungenschaften der arabischen Herrschaft über Andalusien manifestieren sich in den Gebäuden, und geben dadurch Einblicke in die Mentalität und Kultursoziologie dieser Völker.
Auffallend ist dabei die Kontinuität der verwendeten Materialien (vgl. Kap. 3.2) und deren ´Hierarchie´ bei ihrer Verwendung am Bauwerk (vgl. Kap. 3.1). Der ´spanische Sonderweg´ wurde nicht nur durch die vielen verschiedenen Herrscher, sondern in hohem Maße durch die Geschichte per se geformt: klassisch-römische Kunst integrierte sich hier in westgotischen Elemente und wurde zudem mit orientalischen Typen bereichert. Das Ergebnis sieht man an Bauwerken, wie der frühen Moschee von Cordoba, der Palaststadt Madinat al-Zahra, der Alhambra, oder eben dem Real Alcazar von Sevilla. Noch heute faszinieren die Patios mit ihren Wasserbecken und Wasserspielen, die Tiefbeete mit den Orangenbäumen, qualitativ gearbeitete Muquarnaskuppeln, vergoldete Schnitzereien und dekorative Yeseria-Paneele in den hispano-islamischen, maurischen Bauwerken. Diese genannten Merkmale können als ´architektonische Manifestation´ arabischer Kultur im Ganzen, und maurischer Kultur im Speziellen gewertet werden. Die Vorliebe und Wertschätzung für das Element des Wassers zeigt sich anhand der zahlreichen Wasserbassins und Brunnen in den Innenhöfen und Gärten. Arabischer Luxus und Repräsentationswille werden in den von Arabern erbauten Palästen

augenscheinlich. Was dabei nicht vergessen werden darf ist immer ein vergleichender Blick zu zeitgleich entstandenen Bauwerken: In unmittelbarer Umgebung, dem Gebiet des Mahgreb, als auch im Nahen Osten entstanden Bauten, die durchaus auch in Andalusien hätten erbaut werden können. Die Forschung der letzten Jahrzehnte zeigt, dass in Bezug auf die maurische Architektur durchaus noch Forschungsarbeit zu leisten ist: als Beispiele seien nur die archäologischen Grabungen in der Palaststadt von Madinat al-Zahra oder auch im Patio de las Doncellas des Real Alcázar in Sevilla genannt.

Man wich im 20. Jahrhundert von der zuvor bestehenden verklärt – romantisierenden Sichtweise ab und begann sich dem Thema maurischer Architektur und Kultur wissenschaftlich zu nähern. Interessant ist dabei, dass die, zu dieser Frühzeit wissenschaftlicher Forschung erarbeiteten Ergebnisse, bis heute im Großen und Ganzen ihre Gültigkeit bewahrt haben, wodurch Barrucand anmerken kann: „Heute ist das einst islamische Spanien Gegenstand intensiver Forschungen; es ist noch zu früh, umfassende Neudarstellungen zu formulieren, aber es stellt sich immer wieder die Aufgabe, die Forschungsergebnisse der letzten Jahrzehnte in das von den Altmeistern umrissene und immer noch gültige Panorama einzugliedern."[124] Das Betätigungsfeld der arabisch-maurischen Architektur hält dennoch viele Fragen offen und es wäre für die Zukunft wünschenswert, wenn sich - gerade in der deutschsprachigen Forschung und Literatur – mehr Wissenschaftler mit diesem Thema auseinandersetzen würden.

---

[124] Barrucand 2007, 11

7. Anhang

7.1 Bibliographie

- Barrucand und Bednorz 2007: Marianne Barrucand und Achim Bednorz, Maurische Architektur in Andalusien, Köln 2007
- Bossong 2007: Georg Bossong, Das maurische Spanien – Geschichte und Kultur, München 2007
- Brentjes 1992: Burchard Brentjes, Die Kunst der Mauren, Köln 1992
- Cardini 2000: Franco Cardini, Europa und der Islam – Geschichte eines Mißverständnisses, München 2000
- Clot 2004: André Clot, Das Maurische Spanien – 800 Jahre islamische Hochkultur in Al Andalus, Düsseldorf 2004
- Ettinghausen und Grabar 1987: Richard Ettinghausen und Oleg Grabar, The Art and Architecture of Islam 650-1250, Yale 1987
- Ferrero 1999: Juan A. Hernández Ferrero, Spanische Königspaläste – Zeugnisse einer Nationalgeschichte, Köln 1999
- Fidalgo 1998: Ana Marín Fidalgo, Führer für den Besuch der Real Alcazar von Sevilla, Madrid 1998
- Gimpl 2009: Karoline Gimpl, Andalusien – Kathedralen, maurische Paläste und Gärten im Süden Spaniens, Ostfildern 2009
- Gise-Vögeli 2006: Francine Gise-Vögeli, Die Kanonisierung des westislamischen Sakralbaus, Internetquelle: http://bauforschungonline.ch/aufsatz/die-kanonisierung-des-westislamischen-sa.html, Zugriff: 20.07.2010
- Gise-Vögeli 2007: Francine Giese-Vögeli, Das islamische Rippengewölbe – Ursprung, Form, Verbreitung, Berlin 2007
- Gothein 1997: Marie Luise Gothein, Geschichte der Gartenkunst (Bd.1), München 1997
- Grabar 1981: Oleg Grabar, Die Alhambra, Köln 1981
- Hänsel und Karge 1992: Sylvaine Hänsel und Henrik Karge (Hrsg.), Spanische Kunstgeschichte – Eine Einführung, Bd.1: von der Spätantike bis zur frühen Neuzeit, Berlin 1992
- Hansmann und Walter 2006: Wilfried Hansmann und Kerstin Walter, Dumont Geschichte der Gartenkunst – Von der Renaissance bis zum Landschaftsgarten, Köln 2006
- Hattstein und Delius 2007: Markus Hattstein und Peter Delius (Hrg.), Islam – Kunst und Architektur, Potsdam 2007
- Hilgard 2002: Peter Hildgard, Der Maurische Traum – Dimensionen der Sinnlichkeit in al-Andalus, Kassel 2002
- Hintzen-Bohlen 2006: Brigitte Hintzen Bohlen, Kunst und Architektur – Andalusien, Potsdam 2006/2007
- Hunke 2009: Sigrid Hunke, Allahs Sonne über dem Abendland – Unser arabisches Erbe, Frankfurt am Main 2009
- Karge 2007: Karge Fritz, Andalusien, München 2007

- Keller 2010: Sarah Keller, Der polylobe Bogen: ein Bauornament islamischen Ursprungs zwischen Aneignung und Transkulturation, Internetquelle: http://www.bauforschungonline.ch/projekt/der-polylobe-bogen-ein-bauornament-islam.html, Zugriff am 20.09.2010
- Migeon und Saladin 2009: Gaston Migeon und Henri Saladin, Die Kunst des Islams, New York 2009
- Molina 1994: Antonio Muñoz Molina, Stadt der Kalifen – Historische Streifzüge durch Córdoba, Hamburg 1994
- Murube 1972: Joaquin Romero Murube, Alcazar de Sevilla, Madrid 1972
- Nervi 1976: Piere Luigi Nervi (Hrg.), Islamische Architektur, Stuttgart 1976
- Petruccioli 1995: Attilio Petruccioli (Hrg.), Der Islamische Garten – Natur, Architektur, Landschaft, Stuttgart 1995,
- Stierlin 2009: Henri Stierlin, Islam- Von Bagdad bis Córdoba, frühe Bauwerke vom 7. bis 13. Jahrhundert, Köln 2009
- Watt 2002: W. Montgomery Watt, Der Einfluß des Islam auf das europäische Mittelalter, Berlin 2002
- Zeit 2006: Die Zeit (Hrg.), Die Zeit – Welt- und Kulturgeschichte, Epochen, Fakten, Hintergründe in 20 Bänden, Hamburg 2006

Weiterführende Literatur:

- Antuña: P.M. Antuña, Sevilla y sus monumentos árabes, El Escorial 1930
- Bloom: J. Bloom, Minaret. Symbol of Islam, Oxford 1989
- Bosch Vila: J. Bosch Vila, La Sevilla Islamica, 712-1248, Sevilla 1984
- Burckhardt: T. Burckhardt, Die maurische Kultur in Spanien, München 1980
- Carriazo: J. de M. Carriazo, El Alcázar de Sevilla, Barcelona 1930
- Caballero: Fernán Caballero, El Alcázar de Sevilla, 1862
- Creswell: K.A.C. Kreswell, Early Muslim Architecture, New York 1979
- Cruz-Hernandez: M. Cruz-Hernandez, El islam de al-Andalus. Historia y estructura de su realidad social, Madrid 1992
- Dickie: J. Dickie, The Islamic Garden in Spain, in: The Islamic Garden, Dumbarton Oaks, Washington D.C. 1976, 87-106
- Fidalgo: A. M. Fidalgo, Los Reales Alcázares de Sevilla - digna morada de la realeza espñola, Reales Sitios 111, Madrid 1992
- Ders.: Gía de los Reales Alcázares de Sevilla, Sevilla 1992
- Glick: T.F. Glick, Islamic and Christian Spain in the Early Middle Ages, Princeton 1979
- Forkl: H. Forkl (Hrsg.), Die Gärten des Islam, Stuttgart 1993
- Hernandez-Giménez: F. Hernandez-Giménez, Madinat al Zahra, Granada 1985
- Hoag: J.D. Hoag, Islamische Architektur, Mailand/Stuttgart 1976
- Kress: H. J. Kress, Die islamische Kulturepoche auf der iberischen Halbinsel. Eine historisch-kulturgeographische Studie, Marburg 1968
- Kühnel: E. Kühnel, Maurische Kunst, Berlin 1924
- Manzano Martos: R. Manzano Martos, Arquitectura de la Sevilla Medieval, Sevilla 1985
- Ders.: Reales Alcázares – Museos de Sevilla, Madrid 1977
- Papadopoulo: A. Papadopoulo, Islamische Kunst, Freiburg. i.Br./ Wien 1977

- Renz: A. Renz, Geschichte und Stätten des Islam – Von Spanien bis Indien, München 1977
- Stierlin: H. und A. Stierlin, Alhambra, München 1993
- Uhde: C. Uhde (Hrsg.), Baudenkmäler in Spanien und Portugal, Berlin 1982
- Vernet: J.R. Vernet, Al-Andalus. El islam en España, Barcelona 1987
- Ders.: Die spanisch-arabische Kultur in Orient und Okzident, Zürich/München 1984

Frontcover:
Blick in den Patio de los Leones der Alhambra, Granada

www.ingramcontent.com/pod-product-compliance
Lightning Source LLC
Chambersburg PA
CBHW082336220526
45470CB00008B/2532